LE VETTE

GERARDO CAUTILLI

OLTRE L'ORIZZONTE

*Il tema della speranza
in Juan Alfaro*

EDITRICE PONTIFICIA UNIVERSITÀ GREGORIANA

ROMA 2005

ISBN 88-7839-051-8
© 2005 – E.P.U.G. – ROMA

EDITRICE PONTIFICIA UNIVERSITÀ GREGORIANA
Piazza della Pilotta, 35 - 00187 Roma, Italia

*A Liliana,
dolce mia sposa,
che partecipa in pienezza
al mistero pasquale di Cristo.
Con lei ho condiviso
il cammino di fede
ed ora condivido
la beata speranza
che illumina la vita umana,
oltre l'orizzonte.*

PRESENTAZIONE

Di fronte ai tanti disastri nazionali ed internazionali molti nostri contemporanei si sono lasciati prendere dallo sconforto e dal pessimismo. Da ciò è facile trarre atteggiamenti e teorie minimiste e scoraggianti votate al nichilismo o all'inerzia favorendo l'egoismo che si chiude al grido d'angoscia e di dolore di chi soffre e scoraggia l'impegno d'intervento umanitario. Ma se questo narcisismo egoista fosse stato la spinta segreta ed ultima dell'umanità come avrebbe potuto essa reagire e sopravvivere dal remoto passato ad oggi?

In realtà, la vera forza segreta, ci dice l'autore, che ha spinto l'umanità a superare ogni genere di avversità e ingiustizie, nonché le limitazioni della contingenza e della temporalità, è stata la speranza. Per cogliere il tema della speranza occorre vederla in tutto il suo positivo come «forza di affrontare i grandi cambiamenti, il motore dell'evoluzione e del progresso umano». Che ce lo dica un ricercatore di centri di studio specializzati alle prese coi problemi più gravi che affliggono la nostra società, e che non esita di partire dal considerare il negativo di certe statistiche nazionali e internazionali sui mali che affliggono l'umanità, potrebbe stupire a meno che – e questo è il caso del dr. Cautilli – non ci si proponga di cercare «riscontri reali e concreti dei fondamenti sui quali poggia la speranza traendoli dal profondo della propria esperienza umanitaria» e, aggiungo, dalla profonda radice di onestà e ideale di un proprio servizio professionale. Poiché la speranza è la più profonda forza che tiene in vita gli uomini nella lotta per l'esistenza propria e altrui.

Ma l'autore non è soddisfatto di questa prima risposta, poiché cerca una radice più profonda e stabile della speranza negli obiettivi non contrapponibili che la muovono. L'autore non fa salti logici: la speranza come realtà profonda non può essere ridotta a mero stato emotivo destinato a svanire nel nulla, ma si pone in essere e si rivela come indispensabile struttura dell'esistenza dell'essere intelligente limitato, ma libero. Ora gli obiettivi della speranza, pur nella varietà delle espressioni, se possono essere indicati raggruppabili in due «categorie», la ricerca della felicità e/o della salvezza, richiedono tuttavia di essere ricondotti ad «un fondamento comune» che è il destino dell'uomo. Con questa indicazione fenomenologico-filosofica la speranza appella alle risposte sul destino ultimo dell'umanità e quindi per lo studioso che vuole comprenderla ad una metodologia interdisciplinare.

L'indicare tra gli obiettivi concreti della speranza «la salvezza» che dà forza di volontà intelligente e libera alla spinta naturale introduce alle risposte concrete che le religioni, più che le filosofie ed ideologie oggi in crisi, offrono all'umanità, per una sopravvivenza mirata e dignitosa, le uniche risposte al pessimismo nichilista astratto e alla dissoluzione che provoca l'esasperata ed irresponsabile riduzione dell'obiettivo «felicità» al momentaneo e inconcludente narcisismo dell'usa e getta e di una libertà fine a se stessa.

Alla riflessione interdisciplinare, alla quale l'autore è attento nello svolgimento dei sei capitoli in cui si articola il saggio, non sfugge l'invito alla prima Lettera di Pietro «date ragione della speranza che è in voi», che diventa filo conduttore di una ricerca a cui l'ambiente, cui lo scritto si rivolge, non può non prestare attenzione per l'aiuto fondamentale che questa virtù offre al consolidamento costruttivo di umanità, al problema fondamentale del senso della vita. La speranza di cui si parla è proprio quella concreta e vitale virtù, che si traduce nelle opere e proviene dalle scelte, che ha dato struttura alle risposte della propria vita. In altre parole, l'autore che vuole andare sino alle ultime radici si affida alla speranza che è virtù cristiana concreta, battesimale, teologale, fondata in Dio.

La ricerca del fondamento della vita positivamente impegnata nella speranza porta, dunque, l'autore, laico coinvolto per vocazione e professione nella lotta contro il male e allo sviluppo del bene comune, a ricercare il fondamento ultimo di tale virtù non in una teologia scolastica astratta della speranza ma in una visione teologico-esistenziale quale nel suo sviluppo di pensiero ha indicato il teologo Juan Alfaro. L'autore ha trovato in questo teologo, che nella Pontificia Università Gregoriana ha per quaranta anni rivolto la sua ricerca in particolare sulle virtù teologali e dunque alla speranza, la risposta più valida alle proprie attese di ricercatore e studioso impegnato. Il Cautilli lo ha scoperto attraverso la frequentazione per il Master di Scienze Religiose che con questa opera, premiata per la pubblicazione nei «saggi» dell'Istituto, degnamente si conclude. Infatti per il tema scelto noi, suoi professori ed antichi discepoli del p. J. Alfaro, non potevamo che incoraggiare il dr. Cautilli nello sforzo di comprensione organica, ottimamente sviluppata in sintesi nei sei capitoli dell'opera, di un pensiero teologico globale rigoroso e critico quale questo maestro gesuita ci ha lasciato. Si può ben dire che l'interpretazione della virtù della speranza completata nel corso degli anni non ha solo mantenuto un posto centrale nel suo pensiero sempre più interessato a manifestare il valore antropologico del dinamismo pratico e della dimensione escatologica della speranza, ma ha anche segnato una conquista di grande spessore. Sono pienamente d'accordo col Cautilli quando sintetizza gli esiti della sua ricerca a partire dal pensiero del p. Alfaro: «Le considerazioni e gli approfondimenti compiuti da Alfaro sul tema della speranza oltre a costituire un valido apporto all'antropologia e alla riflessione teologica, sia per il metodo che per il contenuto, offrono un mirabile esempio di esperienza religiosa, quale incontro con la Realtà Ultima, percepita come via di Salvezza».

Per l'uomo che s'impegna ad andare sino al cuore della realtà, la speranza si scopre nell'esperienza religiosa in risonanza con l'oggetto iniziale di essa che è il Divino, la Potenza, il Valore assoluto trascendente e immanente insieme, ma inafferrabile. Per cui l'esperienza cristiana trova in Cristo nella sua vita e nella sua sequela il centro stesso della speranza ed accetta di conseguenza «con coraggio cosciente l'enigma del dolore e della morte nell'abbandono fiducioso alla promessa di Dio in Cristo», morto e risorto. «La morte cristiana non è un salto nell'assurdo, ma è la porta che si apre sulla vita eterna, l'inizio della vita vera con Dio». Possiamo riportare con l'autore le parole dell'Apocalisse: «Ecco la dimora di Dio con gli uomini!

Egli dimorerà tra di loro ed essi saranno il suo popolo, ed egli sarà il "Dio con loro". E tergerà ogni lacrima dai loro occhi, non ci sarà più la morte, né lutto, né lamento, né affanno, perché le cose di prima sono passate» (Ap 21, 3-4). Giustamente, però, il Cautilli vuol terminare mostrando la speranza in tutta la sua valenza positiva di «forza di trasformazione del mondo», di continuazione della creazione e della solidarietà universale che fondandosi in Cristo trova il coraggio dell'impegno che affronta con fiducia anche la croce.

Poiché il Cautilli ha voluto cominciare con l'Apocalisse per porre in evidenza il coraggio fondato sulla Bibbia e sulla fede nella resurrezione e sulla promessa di Cristo «sarò con voi, tutti i giorni, sino alla fine del mondo» (Mt 28, 20) terminerei con un passo della stessa Apocalisse che mostra il valore misterioso, oltre la morte, delle opere compiute in vita per cui nulla è perduto se la vita stessa è salvata per l'eternità da Cristo e in Cristo: «Beati i morti che muoiono nel Signore poiché le loro opere li seguono» (Ap 14, 13).

Giovanni Magnani s.j.

INTRODUZIONE

Il tema della speranza nella storia umana ha sempre suscitato interesse ed è ancora di grande attualità, affrontato, però, spesso in modo astratto e a volte distratto. Quando si approfondisce il discorso e si cercano riscontri reali e concreti dei fondamenti sui quali poggia la speranza, la monumentale e dotta bibliografia statistica messa a disposizione dalle organizzazioni internazionali non sembra offrire margini a grandi speranze. I notiziari ci ricordano che ogni tre secondi un bambino muore, per fame o per malattie causate dalla povertà, e che oltre 110 milioni di bambini non hanno accesso all'istruzione primaria. La FAO constata che il numero delle persone sottoalimentate nei paesi in via di sviluppo non diminuisce, bensì aumenta; eppure le statistiche ci dicono che nel mondo viene prodotto cibo per tutti. La povertà, la malattia, l'incertezza del futuro esistono ancora, nonostante lo sviluppo vertiginoso della tecnologia che tante chimere e sogni aveva alimentato.

Attualmente viviamo in un mondo in cui prevale un senso di sfiducia, un momento di stanchezza, la sensazione di vivere in un tempo buio. Dopo le vampate di entusiasmo, conseguenti alle scoperte scientifiche e alle innovazioni tecnologiche, si è assistito alla rovinosa caduta dei molti modelli che si intendeva instaurare e dai quali ci si aspettava la salvezza per il futuro. Il sogno di un progresso materiale all'infinito e di una società che ricavasse la felicità dal benessere è caduto, infrangendosi. Molte persone sono sempre più preoccupate del proprio avvenire e incerte nel pensare al domani, la depressione sta dilagando, alcuni hanno una vera e propria paura viscerale del futuro. L'angoscia esistenziale e la violenza sono soltanto due manifestazioni estreme di un mondo a corto di speranza, povero di futuro, carico di sfiducia.

Così il nostro tempo non riesce a collocare la speranza tra i valori emergenti; eppure, e per fortuna, la gente continua a sperare, anche dopo le molte delusioni subite, in un avvenire migliore, anche contro ogni ragionevole previsione. Emblematica, al riguardo, mi è parsa questa considerazione tratta dal Diario di Anna Frank che, nonostante tutte le vicissitudini, i timori e le paure, mantiene intatta la sua speranza: «È un gran miracolo che io non abbia rinunciato a tutte le mie speranze [...] Le conservo ancora, nonostante tutto, perchè continuo a credere nell'intima bontà dell'uomo. Mi è impossibile costruire tutto sulla base della morte, della miseria, della confusione. Vedo il mondo mutarsi lentamente in deserto, odo sempre più forte l'avvicinarsi del rombo che ucciderà noi pure, partecipo al dolore di milioni di uomini, eppure, quando guardo il cielo, penso che tutto si volgerà nuovamente al bene»[1].

Questo è il paradosso della speranza, l'aspetto misterioso di questa caratteristica intima dell'animo umano che, come tutti i misteri, avvince e affascina.

In tutti i tempi e in tutte le culture la speranza ha animato gli uomini e li ha aiutati a superare ogni genere di difficoltà, avversità e ingiustizie, nonchè le limitazioni proprie dell'essere umano segnato dalla contingenza e dalla temporalità; essa è stata la forza capace di apportare i grandi cambiamenti, il motore dell'evoluzione e del progresso umano. La speranza richiede coraggio, ma non per questo è una virtù esclusiva dell'eroe o del martire; in realtà, il vivere quotidiano di ogni persona richiede di essere illuminato e alimentato dalla speranza per ridare senso alla vita o per confermare l'entusiasmo con cui l'affrontiamo giorno dopo giorno.

Gli obiettivi della speranza sono sempre stati vari, pur tuttavia si possono raggruppare in due grandi categorie, che non sono antitetiche, potendo anche coesistere: la ricerca della felicità e/o la ricerca della salvezza. Occorre considerare se tra i diversi obiettivi sia possibile individuare un elemento comune che possa porsi a fondamento di tutti e della stessa vita umana. La domanda centrale, infatti, che si pone alla riflessione è se la

---

[1] A. FRANK, *Diario*, Torino 1963, p. 245.

speranza si debba intendere solo come stato emotivo, destinato a svanire nel nulla, ovvero se la si possa considerare una struttura dell'esistenza e, in questo ultimo caso, se essa, che è una virtù propria dei credenti, possa essere vissuta anche dai non credenti.

In questo lavoro si tenterà di compiere qualche considerazione su tali cruciali argomenti. La speranza è, comunque, un tema troppo ampio per poter essere affrontato in un elaborato, come questo, necessariamente limitato; si richiede, oltretutto, un approccio interdisciplinare, tante sono le prospettive da cui l'argomento può essere esaminato e varie le connessioni con tutte le scienze umane. Pertanto si è approfondita particolarmente la riflessione teologica sulla speranza che J. Alfaro ha maturato in un arco di tempo che va dagli anni cinquanta fino alle soglie degli anni novanta del secolo scorso. Alfaro è stato sicuramente un pensatore contemporaneo, ricco del bagaglio della migliore tradizione della teologia cattolica, che ha saputo offrirci un contributo acuto, lineare e aperto ad una panoramica di questioni che hanno rilevanza non solo teorica, ma anche e soprattutto pratica. Egli è stato un teologo del tutto originale, il cui interesse dominante è stato quello di giungere alla comprensione dell'esistenza cristiana, cioè dell'esistenza umana configurata dalla fede, dalla speranza e dall'amore fondati in Cristo. Nell'ambito di tale ricerca ha approfondito tematiche di antropologia teologica e non ha rinunciato ad affrontare le sfide che si presentavano, aprendosi al dialogo e al confronto con i diversi autori, testimoni dell'eccezionale ricchezza di pensiero e di riflessione che lo scorso secolo ha conosciuto.

È sembrato necessario, pertanto, inquadrare preliminarmente lo specifico tema della speranza in Alfaro in un contesto capace di ricomprendere le argomentazioni e le riflessioni da lui esposte, per percepire la loro significatività e il loro valore. Così, mentre nel primo capitolo si tratta della speranza nella cultura contemporanea, offrendo, senza alcuna pretesa di esaustività, alcuni spunti sulle varie posizioni assunte al riguardo, nel secondo capitolo si tratta della speranza cristiana, soffermandosi in particolare sui fondamenti cristologici di questa virtù nell'annuncio di Giovanni Paolo II.

I capitoli successivi sono tutti dedicati all'esposizione del pensiero di Alfaro sulla speranza e, in particolare, il terzo capitolo offre, in sintesi, la lettura della sua produzione teologica, evidenzia l'attenzione dedicata ai problemi più importanti che la teologia andava affrontando e segue l'indirizzo dominante del suo pensiero che vuole essere indivisibilmente cristologico-antropologico.

Nel quarto capitolo si espone la riflessione teologica di Alfaro sulla speranza; questa virtù è stata oggetto di particolare e costante interesse da parte del nostro Autore, che su questo tema ha progressivamente affinato il suo pensiero. La speranza è esaminata in stretta connessione con la fede e la carità; l'inseparabile unità delle tre virtù teologali conduce Alfaro a considerarle come i diversi aspetti dell'unico atteggiamento fondamentale del credente. L'attesa della salvezza futura è lo specifico della speranza, di questa viene evidenziato il dinamismo e la dimensione escatologica e se ne ricerca lo sviluppo all'interno della S. Scrittura, della teologia e del Magistero.

La speranza è, però, un atteggiamento primordiale di ogni uomo, oltre che del credente; Alfaro si pone, perciò, il problema del fondamento antropologico della speranza, che poi è parte del più vasto problema antropologico che cerca la risposta alla domanda sull'essere dell'uomo, sul significato della vita umana. Nel quinto capitolo viene ripercorsa la puntuale analisi che il nostro Autore ha compiuto delle varie dimensioni dell'esistenza umana in cui si manifesta la speranza, per ricercare in esse il radicamento di tale virtù nella vita e il fondamento ultimo della domanda di senso.

Il sesto capitolo espone gli esiti della ricerca: la speranza cristiana è scoperta come dimensione trascendentale dell'esistenza umana, il nucleo da cui scaturisce la forza d'azione che fa la storia, trasformando il mondo. La questione di Dio scaturisce dalla ricerca di senso a cui l'uomo si trova costantemente aperto.

Alle conclusioni sarà affidato il compito di raccogliere in sintesi il cammino percorso e di valutarne la fecondità.

CAPITOLO I

LA SPERANZA NELLA CULTURA CONTEMPORANEA

1 - La speranza

Nella sua accezione latina (*spes*), come in quella greca (ἐλπίς), la parola «speranza» costituisce uno sviluppo della radice *vel* (lat: *vel-le*) e dunque si colloca nella sfera del volere.

Nel lessico corrente il termine significa «attesa fiduciosa, più o meno giustificata, di un evento gradito o favorevole. Aspirazione, spesso illusoria, a un vago avvenire di bene o di felicità; atteggiamento baldanzoso nei confronti della vita; condizione di incoraggiante o consolante fiducia; convinzione fiduciosa o ottimistica; complesso di ambizioni e di progetti proiettati nel futuro. In senso oggettivo, prospettiva o eventualità favorevole e positiva»[1].

Sperare è, quindi, proiettare verso il futuro la vita vissuta nel passato e nel presente, con la volontà di portarla alla pienezza. Si potrebbe già dire che la speranza costituisce in tal senso un'attesa ed una tensione verso un «non ancora». Non è infatti aperto alla speranza l'uomo che guarda solo al passato e che rimane troppo chiuso in esso o che, troppo preso dal presente, vive l'oggi e pensa solo ad afferrare l'attimo fuggente. Parlare della speranza significa, perciò, volgere lo sguardo al futuro e considerare il posto che questa dimensione temporale occupa nella vita dell'uomo.

La speranza non è evasione: l'evasione è l'atteggiamento di

---

[1] G. Devoto - G.C. Oli, *Dizionario della lingua italiana*, Firenze 1978.

chi non sa vivere il presente, ma ricorda con nostalgia il passato come se scomparisse troppo alla svelta o guarda con bramosia al futuro come se fosse troppo lento ad arrivare. Di qui il sogno, l'evasione di chi si crea un mondo antitetico al presente, una realtà virtuale costruita a piacimento.

La speranza non è realismo esasperato, che obbliga a lasciar perdere tutte le illusioni: il realismo afferra il presente e sta in guardia dal futuro, nel quale sospetta un facile inganno. Da qui il *carpe diem*. In realtà, la speranza non si oppone al presente, ma piuttosto alla convinzione di essere impotenti di fronte alla realtà; si oppone a quella rassegnazione, a quella frustrazione del quotidiano che gli antichi chiamavano *taedium vitae* e che avevano portato Camus ad affermare che, di fronte alla durezza dei fatti ed al lento sbiadire della vita, non servono bei pensieri, ma occorre pensare con chiarezza e non sperare più.

La speranza non è ingenuo ottimismo, atteggiamento pigro di chi ritiene che la storia instaurerà da sola un mondo libero e felice, le cose si aggiusteranno da sé e, a poco a poco, tutto andrà per il meglio, illusoria ingenuità e negazione della speranza; questa, invece, può nascere solo dal solco della sofferenza, da chi ha visto l'ingiustizia e la falsità, la violenza e la manipolazione.

La speranza è ottimismo consapevole, convinzione che il futuro dipende dall'azione umana, impegno a realizzarlo, assunzione di una certa dose di rischio ed, infine, allegria e gioia di vivere.

Non si ha speranza senza ottimismo, e viceversa; non ha senso essere ottimista senza sperare. La speranza e l'ottimismo presuppongono che esista un futuro e che questo sia migliore del presente; l'arrendersi ed il conformarsi alla situazione presente con tutti i suoi fallimenti è l'atteggiamento proprio dei disillusi. Secondo Leibniz, questo *mondo è il migliore dei possibili*; questa affermazione è però un chiaro esempio di ottimismo pessimista. L'ottimista che ha speranza rifiuta, invece, l'idea di essere nel *migliore dei mondi possibili* perché in questo mondo non vi sarebbe nulla da fare, cioè, non sarebbe possibile migliorarlo. Il *migliore dei mondi possibili* è, infatti, chiuso ai progetti umani. Finché c'é speranza è valida l'affermazione che siamo in un *mondo migliorabile*; per questo la speranza non si impianta nel presente, ma, con ottimismo aperto verso il futuro, spinge ad intraprendere un cammino che conduce ad una meta. Questo ottimismo deve essere consapevole, esso deve tener conto delle limitate possibilità dell'uomo. Un ottimismo miope rischia di togliere i presupposti della speranza e di passare alla disperazione. L'ottimismo consapevole comporta il mettersi alla prova nell'avventura di cercare un nuovo livello di vita, migliore rispetto all'attuale[2].

Per accettare l'impresa e, quindi, mettersi in marcia è necessaria una certa dose di entusiasmo e intravedere la possibilità di poter conseguire alla fine un qualche vantaggio che sia alla nostra portata, anche se raggiungibile con sforzo e fatica. Tutto ciò ha a che fare con la parola *esistere, stare extra*, «uscire», uscire dall'immobilismo, dalla pretesa di fermarsi a ciò che si ritiene sufficiente. L'ottimismo implica essere insoddisfatti, non conformarsi con la situazione esistente, voler crescere: crescere come modo più intenso di sfruttare il tempo, considerato non come mero ed insignificante trascorrere, ma inserito in una storia, individuale e collettiva. L'uomo è capace di una crescita illimitata, superiore alla sua crescita organica, se applicata al mondo dello spirito; è una crescita che attiene alle facoltà più alte: l'intelligenza e la volontà. L'ottimismo connesso alla speranza si basa su questo tipo di crescita che è possibile in tutte le tappe della vita umana.

Secondo elemento della speranza è la convinzione che il futuro dipende dall'azione umana. Senza tale convinzione, la

---

[2] L'ottimismo è una condizione personale che permette a ciascuno di vedere nel modo più favorevole la situazione in cui si trova, con sano realismo. L'ottimismo è credere che i problemi ci sono, sì, ma non sono al di là della nostra portata. Si può valutare la «tendenza ottimistica come un segno salutare di aspirazione [...] perchè, a ben considerare, vi è implicato un effettivo elemento di incertezza [...] ovunque esiste incertezza, la speranza scaturisce eterna»; l'inclinazione verso l'ottimismo è naturale e inevitabile, si è sempre indotti a «nascondere la certezza di sconfitta a pro della tendenza ottimistica» G. W. ALLPORT, *L'individuo e la sua religione: interpretazione psicologica*, Brescia 1972, p. 67.

speranza è un'utopia che disegna sì un futuro migliore, però come una situazione esterna all'uomo perché dovuta ad un processo deterministico nel quale la libertà è assente, il miglioramento avverrà senza l'intervento dell'uomo, l'ottima situazione finale si determinerà in modo automatico, meccanico o grazie all'intervento di forze extraumane, comunque come conseguenza di dinamismi esterni all'azione dell'uomo[3]. Da qui consegue una forma di alienazione. L'utopia, non come fuga alienata o alienante dalla realtà, è una componente della speranza e come tale dell'esistenza, intesa come dover-essere più che come essere[4].

La speranza si volge verso il futuro e, insieme all'ottimismo, spinge l'uomo alla realizzazione di una condizione migliore dell'attuale; per sua natura, la speranza comporta una decisa volontà di costruire il futuro di cui si intravede il progetto, e del quale si riconosce il valore. C'è, dunque, un compito da assolvere, un progetto da realizzare attraverso lo sforzo e l'impegno umano. Si tratta di una vera e propria impresa la cui felice riuscita è solo possibile, non sicura; le risorse di cui l'uomo dispone non sono, infatti, sufficienti per garantirgli il buon esito finale. Ogni forma di speranza contiene, nella sua più profonda intenzionalità, la promessa di qualcosa che non è immediatamente garantita. Le cose immediatamente raggiungibili non invitano infatti a sperare, mentre la condizione esistenziale della speranza è la mancata garanzia di un risultato. La speranza partecipa quindi della tensione tra l'avvertenza di una mancanza e la promessa di un suo superamento. Il futuro della speranza richiede una dose di avventura, di rischio. Si tratta di una assun-

---

[3] In questo modo si ripete l'ottimismo pessimista di Leibniz, però invertendolo: non siamo nel *migliore dei mondi possibili*, però lo saremo.

[4] «La speranza è un elemento essenziale in ogni tentativo che miri a realizzare un cambiamento sociale verso una maggiore vitalità, consapevolezza e ragione [...] La natura della speranza è spesso fraintesa e confusa con atteggiamenti che niente hanno a che fare con essa e che, in realtà, sono assolutamente opposti. La speranza non può essere intesa come attesa passiva di un futuro ipotetico» E. FROMM, *La rivoluzione della speranza*, Milano 1979, p. 14.

zione di rischio basata su una libertà consapevole e responsabile, nonchè sulla ragionevolezza. Esistono, infatti, due tipi di persone incapaci di vivere nella speranza: i dubbiosi e gli incoscienti. Correre dei rischi è anche un po' mettersi in gioco; l'attività basata sulla speranza non è però un gioco che opprime, ma un gioco allegro, nel quale si scommette volentieri.

L'ultimo elemento della speranza è, così, l'allegria. Quest'ultimo elemento, unito ai precedenti, fa sì che la speranza escluda dei risvolti tragici. Mentre le risorse sono sempre scarse, la speranza umana appare irrinunciabile e, spesso, anche insaziabile: sperare è chiedere sempre di più. Nell'impresa, ogni traguardo raggiunto apre nuove prospettive di speranza, in un misto di insoddisfazione e di anelito sempre crescenti, la situazione attuale appare di volta in volta inadeguata, migliorabile.

2 - La speranza nella vita.

Ma, cos'è vivere la speranza? Sentire e vivere la speranza è quanto di più consueto e abituale nello scorrere della nostra esistenza; tuttavia, non è facile dire, con chiarezza e distinzione, di questa virtù.

Lo sperare non si risolve semplicemente nell'attendere: l'attesa può essere anche solo passiva e può darsi anche senza speranza. La speranza esige sempre una scelta, una volontà di tensione. Ciò non basta, occorre connetterla con la capacità di desiderare. Il desiderio, diceva Platone, è un sentimento dell'anima: nasce da una mancanza e però, proprio perchè si tratta di mancanza, l'oggetto del desiderio non è mai qualcosa di percepibile: vive in immagine ed è anticipato nel piacere della sua prefigurazione. La mancanza è sofferenza, ma il desiderio vive della piacevolezza di ciò che manca e dunque in qualche modo mette in ombra lo stesso dolore della mancanza[5].

Il desiderio, come la speranza, vive nella dimensione del possibile, nella prospettiva di ciò che non è e che potrebbe pur

---

[5] PLATONE, *Filebo* 34e-35.

essere[6]. Non c'è equivalenza tra desiderio e speranza; il desiderio può tradursi sia nella speranza che nella disperazione, in ogni caso ciò che lo definisce è il vissuto della mancanza piuttosto che quello dell'attesa. La speranza vive invece di un suo orientamento interiore e così può volgersi all'effettivamente possibile: diversamente dal desiderio, può dunque dispiegarsi in una tensione più propriamente attiva[7]. Speranza è fiducia che il desiderio trovi risposta.

Il desiderio attivo della speranza guarda alla possibilità di realizzazione, non semplicemente teorica, ma insita nelle cose. Le condizioni di realizzazione sono, in parte, radicate nelle cose che già sono e, in parte, latenti in qualcosa che ha ancora da essere e che tuttavia è ragionevole attendersi.[8] Quando perciò si parla di speranza non si è nel campo delle certezze, ma nemmeno in quello della semplice potenzialità o della astratta possibilità: *potentia-possibilitas*[9]. Non tutte le condizioni favorevoli al dispiegarsi della potenzialità sono disponibili nel dominio dell'uomo: c'è l'imprevisto, il lato negativo della probabilità. La speranza richiede perciò una certa dose di coraggio, per accettare l'incertezza della scommessa. C'è pur sempre un'incertezza di fondo che impone cautela, ma, proprio perchè si trat-

---

[6] «Oltre l'orizzonte scientifico, dove si può parlare di determinazione dell'attesa, la speranza si annuncia essenzialmente come domanda di ulteriorità, svincolata da ogni forma di conoscenza oggettiva, che rende problematica la stessa individuazione di contenuti morali attraverso i quali incarnarsi» L. ALICI, «Verso un'etica della speranza», in SANTINELLO G., ed., *Progetto scientifico e speranza religiosa*, Padova 1985, p. 50.

[7] «Il lavoro della speranza non è rinunciatario perchè di per sè desidera aver successo invece che fallire» E. BLOCH, *Il principio speranza*, Milano 1994, p. 5.

[8] Bloch ha parlato a questo riguardo di un possibile oggettualmente-adeguato, aderente alla realtà stessa della cosa. «Il possibile non vive dei fondamenti condizionali insufficientemente noti, ma dei fondamenti condizionali insufficientemente usciti alla luce. Perciò esso non denota una conoscenza più o meno sufficiente delle condizioni, ma il condizionamento più o meno sufficiente che si trova negli oggetti stessi e nel loro stato» E. BLOCH, *Il principio*, p. 269.

[9] E. BLOCH, *Il principio*, p. 278.

ta di speranza, questa cautela non è scetticismo ripiegato su di sè, è bensì coraggio che si oppone al suo vacillare e al suo precipitare nel nulla, che infine «si fa andatura eretta e anzi, in virtù del suo ordine, si fa ortopedia dell'andatura eretta [...] Il compito è dunque da sempre quello di respingere sempre più indietro la possibilità come dimora materiale della paura, tramite la possibilità nel senso di una fortunata aspettativa di una dimora materiale per una speranza comprovata, positivamente aperta»[10].

La speranza è, così, l'attiva tensione al destino più proprio dell'uomo, la cui esistenza è un continuo dispiegarsi dall'ora al non ancora, come il divenire mai esaurito di un'identità in cerca di se stessa.

La speranza ha sempre a che fare con il futuro ed è per sua natura personale; essa è legata al tempo ed implica la constatazione che l'uomo non possiede mai pienamente la propria esistenza. Egli è se stesso soltanto nella tensione del passato che si compie nel presente ed è proiettato verso il futuro. Questo è il dinamismo della speranza.

Fenomenologicamente la speranza può venir intesa come un vissuto originario intenzionale di un bene fugacemente appreso, proiettato nel futuro per renderlo stabile e metterlo al sicuro da ogni minaccia. La speranza denota indubbiamente uno stato emotivo ma esprime pure un giudizio di valore su tutta l'esistenza. Una cosa è infatti sentirsi fiduciosi nella buona riuscita della vita, altra cosa è essere consapevoli che alcuni valori positivi (l'arte, l'etica, la religione) danno senso alla vita come se la riscattassero dalla caducità delle cose finite. È innegabile che nell'uomo esiste e perdura la tendenza ad attribuire una durata non effimera ad alcuni fatti rilevanti (l'eroismo, la gloria, il capolavoro).

L'uomo deve affrontare l'impresa propostagli dalla speranza nella pienezza delle sue capacità, responsabilmente e ragionevolmente, domandandosi sempre con quali risorse affrontare la prossima tappa ed in quale direzione canalizzare gli sforzi. In tale ultimo aspetto va sottolineato come la speranza propone un

---

[10] E. BLOCH, *Experimentum mundi*, Brescia 1980, p. 177.

futuro intrinseco per l'uomo ed esige un imperativo assoluto: il futuro sarà migliore ad una condizione, che l'uomo, crescendo, si faccia migliore. L'assenza di tale condizione lascia spazio solo ad una vana utopia.

Ma l'impresa proposta dalla speranza diventa impossibile se si pretende di affrontarla da solo. L'uomo isolato non può giungere ad un futuro migliore perché non ha tutte le risorse necessarie. È indispensabile un aiuto in cooperazione, il futuro è comune[11]. La speranza è incompatibile con l'isolamento; il futuro migliore che si pretende non può essere per uno, il beneficio sperato deve ricadere su tutti. Andare verso la speranza richiede perciò l'apertura a nuovi orizzonti ed un'azione comunitaria.

Il denominatore comune di tutti gli atteggiamenti e comportamenti dell'uomo che vive nella speranza è la fiducia. Solamente la fiducia che l'uomo ha di credere nel futuro e la fiducia che viene dalla speranza di vederlo realizzato sono capaci di raccogliere armonicamente gli sforzi umani e di dirigerne tutta la positività verso l'obiettivo di trasformare il mondo, indicando l'orizzonte ottimale verso cui guardare con rinato slancio. La fiducia deve, però, fondarsi sulla realtà; essa esige che si prenda coscienza della reale situazione, nel rispetto della capacità di miglioramento sia nostra che altrui.

---

[11] L'esistenza umana strutturata sulla speranza è costituzionalmente epica. L'epica è la narrazione di una pluralità di esperienze intense attraverso le quali l'uomo riesce a conoscere se stesso in profondità. L'epica presuppone una struttura globale: non bastano le risorse individuali. Questa struttura definisce la condizione temporale dell'uomo che si può narrare come una storia perché ha un passato il cui senso deve essere attualizzato e una spinta verso un fine che chiama. Il compito ed il suo fine non sono un mero capriccio del soggetto. Come in un'impresa epica, così nella vita, alla speranza si oppongono sempre difficoltà e contrattempi, o comunque degli avversari che la mettono alla prova. Un altro fattore della speranza richiede che il beneficiario dell'azione non può essere solo il soggetto a capo dell'impresa.

3 - La speranza in rapporto al progresso scientifico (dall'ottimismo alla disperazione)

Nella storia moderna e contemporanea si sono alternati periodi di grandi speranze e illusioni, legate spesso allo sviluppo delle scienze e delle tecniche, e momenti caratterizzati dal pessimismo e dalla paura del futuro.

Già nel Seicento, Descartes, in Francia, aveva cercato di costruire un sapere capace di rendere l'uomo *le maître et le possesseur de la nature*; Bacone, in Inghilterra, quasi identificando il sapere con il potere, proponeva l'ideale dello *scire propter potentiam*. Sulle indicazioni di questi due maestri del pensiero moderno l'uomo ha percorso molta strada. Si è lanciato nell'illusione di acquisire il sapere come potere, come dominio, come capacità di manipolare; il sapere come razionalità scientifico-tecnica che domina e trasforma la natura, il mondo, perfino l'uomo stesso. La scienza moderna, che nasce con l'opera di Galilei e si alimenta dell'applicazione di modelli matematici, conserva nel proprio retroterra culturale l'ideale baconiano, che spesso riaffiora. Talché l'uomo ha riposto una fiducia senza limiti nel progresso della scienza fino ad affidare ad essa la soluzione di ogni suo problema.

L'Ottocento è stato il secolo delle grandi speranze, del grande ottimismo. Un radioso futuro sembrava sorridere all'umanità. In quell'epoca la speranza era una virtù esaltante, relativamente facile, e si basava sui sempre più rapidi progressi della scienza e della tecnologia e sull'accresciuto potere trasformativo e distruttivo dell'uomo, che si considerava signore assoluto della natura e del mondo. L'industria era in espansione e prometteva grandi cose, il nascente capitalismo faceva sperare in uno splendido, magnifico futuro, il movimento socialista alimentava speranze diverse, tuttavia non meno grandi. L'uomo era, così, tutto proteso verso un futuro ricco di incognite e suggestioni, ottimisticamente interpretato come un progresso inarrestabile.

Attraverso la crescita di una tecnica sempre più potente ed articolata, mostratasi capace di raggiungere traguardi al limite, se non al di là, delle capacità di immaginazione umana, di superare gli ostacoli in apparenza più invalicabili e di risolvere problemi di complessità enorme, la scienza ha dato all'uomo l'impressione di poter risolvere, attraverso i suoi metodi esatti di indagine, le sue teorie e le sue applicazioni qualunque problema, compresi quelli che apparivano al momento fuori portata.

Questo sapere, nato in Europa, si è poi espanso in tutto il mondo, mettendo in crisi anche gli alti valori di molte civiltà tradizionali, ed ha provocato giganteschi mutamenti.

Un fiducioso ottimismo si è rinnovato nello scorso secolo, negli anni '60, specialmente nel periodo iniziale. Un peso non indifferente va riconosciuto allo stato d'animo molto diffuso secondo cui la ricostruzione, ormai compiuta, allontanava la tragedia della guerra e i lutti da essa provocati. Nell'Unione Sovietica, Krutscev prendeva le distanze dallo stalinismo e proponeva il marxismo dal volto umano, mentre in America, Kennedy, essendosi ridotta l'aggressività della guerra fredda, proponeva la politica della «nuova frontiera». Le prime imprese spaziali diffondevano la convinzione che la scienza non avrebbe più trovato ostacoli al suo pieno sviluppo, mentre l'elettronica applicata nei vari campi dell'industria consentiva, almeno nelle nazioni più progredite, di raggiungere un livello di vita e di benessere mai neanche immaginato. La convinzione che ormai era iniziata un'epoca totalmente nuova creava l'ideologia del futuro e si andava diffondendo «la Grande Promessa di Progresso Illimitato»[12].

La rivoluzione studentesca del '68 ruppe l'incanto. Essa fu il primo sintomo di un susseguirsi di avvenimenti che diedero origine ad una nuova stagione, fatta di contrasti e di alternative, che arriva fino ai nostri giorni.

La situazione contemporanea è caratterizzata dal predominio della tecnologia, le società moderne sono costruite sulla scienza, su di essa basano la loro ricchezza e potenza; il futuro è affidato ai progetti scientifici[13].

---

[12] E. FROMM, *Avere o Essere?*, Milano 1976, p. 13.
[13] «La nozione di progetto scientifico esprime l'idea di una volontà orien-

La scienza e la tecnologia hanno trasformato profondamente il mondo e l'ambiente naturale: l'urbanizzazione diventa galoppante e talvolta caotica, le megalopoli assordanti e malsane; la natura viene danneggiata in modo spesso irreversibile e degenera in un ambiente sempre più artificiale; il problema dell'inquinamento è sempre più urgente. Nei secoli scorsi l'ambiente non era considerato un valore; oggi un sempre maggior numero di persone lo avverte come tale e, con la preoccupazione per le generazioni future, fa di tutto per salvaguardarlo. Il sapere tecnico-scientifico sta trasformando la stessa base materiale della nostra vita. La cosiddetta rivoluzione terziaria ha modificato il lavoro umano, aumentando sempre più l'importanza delle occupazioni terziarie (servizi vari) e quaternarie (ricerca) e relegando in secondo piano le occupazioni primarie e secondarie.

Si è trasformato persino il lavoro scientifico. Il crescente peso dell'automazione come della cibernetizzazione richiede il sempre maggiore contributo della scienza, che in tal modo si trasforma in forza produttiva. Investimenti sempre più grandi vengono fatti nella ricerca scientifica, sia applicata che pura[14]. L'utopia baconiana della Nuova Atlantide e il progetto cartesiano di dominio e possesso della natura rivivono oggi nelle attese suscitate dalle tecnologie più raffinate come la telematica e la genetica. Si ravviva l'attesa dell'impossibile, dato che ciò che fino a ieri era fantascienza oggi si è in parte realizzato.

La trasformazione riguarda anche la cultura. L'istruzione si orienta verso l'acquisizione delle conoscenze, più che verso la

---

tata verso uno scopo, la quale sa ciò che vuole e conosce pure quali strade battere per raggiungere tale scopo, in pienezza di autosufficienza e contando unicamente sulle proprie forze. Perfino quando l'esito del progetto è soggetto a margini di incertezza, sussiste la fiducia che, strada facendo, si sapranno trovare i mezzi tecnici adatti a superare gli ostacoli. Quando si intraprende un progetto scientifico, non si spera che esso riesca, si conta sulla sua riuscita» E. AGAZZI, «Progetto scientifico e speranza religiosa», in G. SANTINELLO, ed., *Progetto scientifico*, p. 13.

[14] Oggi la ricerca viene finanziata in larga parte dai governi e dalle grandi imprese con l'intento di produrre un bene particolare, capace di offrire grandi potenzialità di sfruttamento e di produrre ricchezza, il tutto considerato in una ferrea logica di potenza e di dominio.

riflessione; si assiste all'invasione sulla coscienza da parte dell'ondata crescente delle notizie, al suo abbrutimento per il clamore dei mass media; i continui spostamenti di uomini senza sosta, in transumanza, dal lavoro quotidiano fuori del luogo di residenza, ai week-end fuori città e alle vacanze lontano da casa, contribuiscono a mantenere le persone alla superficie di se stesse, nell'attimo di una vita senza segreto e senza mistero.

Con tutte queste trasformazioni la società umana diviene sempre più complessa e si muta in un immenso supersistema, che contiene in sé molti sottosistemi con una enorme quantità di variabili. La direzione di tale complesso è sempre più problematica; tutte le variabili del sistema sociale non si possono più dominare direttamente, talché il sistema sembra ormai procedere in maniera autonoma (*non si può più fermare il progresso*). Sembra che nessun cambiamento di rotta sia più possibile e il mutamento sociale ci porta sempre più lontano dalla natura e dalla vita semplice verso nuove armi, nuove industrie, nuovi prodotti meccanici ed elettronici, nuovi inquinanti, nuove fonti di rumore.

Il potere si oggettivizza, si rende quasi indipendente dall'uomo, si sviluppa in maniera autonoma, secondo una logica immanente del sistema, diventando anonimo, impersonale, inumano, alienante e alienato. Ormai le specializzazioni scientifiche si sono consolidate e iscritte in tecnologie che si perpetuano in modo funzionalmente autonomo, secondo il loro meccanismo interno, logico-matematico, strumentale o cibernetico, ignorando ogni altra considerazione teorica o di contesto più ampio.

Nell'attuale società v'è stata una sopravalutazione dei vantaggi e dei benefici delle innovazioni tecnologiche, ritenute capaci di risolvere tutti i problemi umani e sociali. Per alcuni la tecnica è una realtà autonoma, che si è ormai sottratta al dominio di qualsiasi progetto umanistico che l'aveva finora relegata nell'ordine della pura strumentalità; essa è ormai un potere che insidia il futuro dell'uomo: «oggi il massimo rischio viene da ciò che l'umanesimo aveva ipotizzato come massimo strumento salvifico [...] ora è l'uomo a soccombere sotto l'egemonia della tecnica, che non riconosce come suo limite né la natura, né Dio, né l'uomo ma solo lo stato dei risultati raggiunti, che può essere spostato all'infinito senza altro scopo se non l'autopotenziamento della tecnica fine a se stessa»[15]. La scienza non ha, infatti, progetti, «il nostro tempo è caratterizzato dalla perfezione dei mezzi unita alla confusione dei fini»[16].

Tutto ciò ha portato all'eccessiva e unilaterale focalizzazione su cose, oggetti e organizzazione materiale, vanificando la persona e il ruolo umano. Se, infatti, con il progresso e l'evoluzione tecnico-scientifica la situazione dell'uomo è cambiata in tempi molto rapidi, si è anche dovuto constatare che ogni sforzo umano per migliorare la propria situazione è, alla fine, apparso inutile, vano, assurdo; il risultato è che molti vivono una condizione di confusione e di smarrimento, si è diffuso un sentimento di delusione, di paura ed un atteggiamento di disfattismo. «La persona umana è coinvolta, a più livelli, da una radicale insoddisfazione. Essa sperimenta l'imperfezione e l'incompiutezza incolmabile della sua vita. Inoltre soffre un senso di insormontabile delusione e frustrazione, di fronte all'impossibilità di realizzare le sue infinite aspirazioni. Infine, può giungere a concludere che la condizione umana è assurda e disperata, ossia priva di senso e di speranza»[17].

V'è stata una forte, ed anche rapida, inversione di tendenza, con il passaggio dalle utopie ottimistiche alle anti-utopie, alle visioni terrificanti della completa distruzione o di un completo asservimento dell'uomo alla tecnologia, elevata ad idolo o comunque a potere autonomo che sovrasta l'uomo e ne insidia il futuro. Si tratta di un vero e proprio antiumanesimo[18].

Il guardare verso il futuro non esalta più; al contrario terrorizza.

---

[15] U. GALIMBERTI, «Nessun Dio ci può salvare», *MicroMega* 2 (2000) p. 198.

[16] A. EINSTEIN, *Pensieri degli anni difficili*, Torino 1965, p. 132.

[17] G. GISMONDI, *Scienze della religione e dialogo interreligioso*, Bologna 1994, p. 253.

[18] La scienza si costituisce sulla neutralizzazione del soggetto: il suo cardine conoscitivo è quello dell'oggettività, che comporta sì l'ammissione dell'intersoggettività, ma intesa come perfetta interscambiabilità di qualsiasi soggetto. Lo stesso vale anche per la tecnica, i cui prodotti sono per principio ripetibili, controllabili e utilizzabili da chiunque, e quindi non rispondono alle istanze fondamentali e irripetibili del singolo individuo. Né la scienza, né la tecnica, quindi, sono fonti di salvezza e su di esse non si può dunque fondare alcuna speranza veramente radicale.

Alla speranza si è sostituita la paura. Non le mille paure che ci opprimono ogni giorno, non le singole piccole ansie che quotidianamente dilaniano l'uomo, ma la paura vera, quella che sta dietro a tutte le paure, la paura che tutta la vita possa essere un fallimento, che possa diventare così tenebrosa e insopportabile che non sia più possibile viverla. Ecco che l'uomo si trova tutto avvolto nella grande angoscia, nell'angoscia[19] di una vita, che diventa insopportabile perché è ormai priva di speranza. Così la stessa vita non è più un bene, si può solamente insorgere contro tutto ciò che è responsabile del fatto che noi dobbiamo vivere. La distruzione è l'unico bene che si possa compiere, poiché lo stesso essere è cattivo: la morte rimane l'unica speranza. Ma questa morte segna la fine di ogni speranza.

La speranza riveste, così, per l'uomo d'oggi un'importanza del tutto particolare: «è una speranza sofferta, difficile, una speranza che è virtù (alcuni l'hanno definita la virtù del nostro tempo, poiché essa è la virtù dei tempi tragici!), un voluto, conscio, meditato atteggiamento di vita nei confronti della realtà globale»[20]. Proprio questo meditato atteggiamento costituisce già di per sé una particolarità nell'attuale situazione culturale del mondo.

---

[19] L'angoscia, a livello incosciente, è una situazione di ambiguità tra due poli: quello negativo della disperazione e quello positivo della speranza. Essa rappresenta una situazione di conflitto tra il bisogno che l'uomo ha di crescere, di espandersi, di realizzarsi, e i contenuti che a tutto ciò si oppongono. Come tale, in gradi diversi secondo i casi, l'angoscia può dirsi un elemento quasi costante della vita umana; la naturale tendenza dell'uomo alla speranza, cioè le sue potenzialità in ordine al polo positivo, sono continuamente minacciate e deviate dal loro fine, a causa di motivi di natura sociale, culturale, educativa, o puramente psicopatologica. A differenza della precedente, l'angoscia propriamente patologica è quel tipo di angoscia che non viene vissuta come un evento della propria esperienza, ma diventa un elemento della personalità, una struttura portante dell'uomo; essa viene detta «esistenziale» quando caratterizza la situazione umana. L'uomo così atteggiato si sente emarginato da qualsiasi partecipazione al mondo che lo circonda, allora una tale angoscia diventa disperazione e l'individuo si rifugia nella tendenza all'autodistruzione, il cui epilogo è il suicidio.
[20] P. POUPARD, «Speranza e disperazione nella cultura contemporanea», in *La speranza: atti del congresso promosso dal Pont. Ateneo «Antonianum» 30 maggio - 2 giugno 1982*, Brescia 1984, p. 90.

4 - La speranza fondamentale

Le speranze sono varie, di natura e di qualità assai diverse, estremamente soggettive e variabili nel tempo per la stessa persona: quando si parla di attesa operante nella speranza ci si riferisce, di solito, alla speranza che accompagna una situazione concreta, una particolare stagione della storia. Tutte le speranze si accavallano, si sovrappongono, si rincorrono l'un l'altra, spesso sono anche in contraddizione tra loro, in una tensione, in un dinamismo dell'effimero, mirante al conseguimento di tutte le soddisfazioni empiriche.

Ora, occorre considerare se sia possibile individuare un elemento comune a queste diverse speranze[21], che si ponga, allo stesso tempo, come punto di partenza e come linea tendenziale. È esso «quella forza segreta, non ancora tematizzata e poco definita nel suo contenuto, che è l'inquietudine del cuore, protesa a qualcosa di più grande dell'uomo, qualcosa che è futuro e che permette agli uomini di incamminarsi in un'attesa fiduciosamente protratta. La realtà ultima, a cui l'uomo si protende in questa speranza, ha diversi volti: progetti, sogni, utopie, sistemi di pensiero, modelli di comportamento»[22].

Questione rilevante è, dunque, se esista una speranza che si pone a fondamento della vita: «la speranza fondamentale»[23], la speranza pura, totale. Senza di essa, l'esistenza si ridurrebbe alla rincorsa delle piccole speranze quotidiane, spesso senza

---

[21] «La speranza stessa, nei suoi aspetti esistenziali, può manifestarsi sotto il segno della finitezza. Le speranze storiche dell'uomo sono infatti rivolte verso obiettivi particolari e presuppongono il senso della finitezza dell'oggetto sperato. L'espressione *speranza di* corrisponde a questo atteggiamento che sorregge l'attesa fiduciosa di un risultato particolare» P. NEPI, «Finitezza e speranza», in G. SANTINELLO, ed., *Progetto scientifico*, p. 202.

[22] R. ZAVALLONI, «Significato di una psicopedagogia della speranza», in *La speranza: atti del congresso promosso dal Pont. Ateneo «Antonianum» 30 maggio - 2 giugno 1982*, Brescia 1984, p. 195.

[23] J. RATZINGER, «Sulla speranza», in *La speranza: atti del congresso promosso dal Pont. Ateneo «Antonianum» 30 maggio - 2 giugno 1982*, Brescia 1984, p. 11.

senso e tese ad un appagamento momentaneo e fugace. La speranza fondamentale sta dietro alle speranze e comincia a risplendere nella sua invincibile grandezza quando tutte le speranze sono sfumate, logorate, quando l'ottimismo iniziale si consuma, quando insorge il malcontento e quando le amarezze quotidiane ci sommergono. Solo essa ci consente di superare le delusioni, di non disperderci nelle inezie, nell'esteriorità e nella vacuità, di superare la grande angoscia e si pone come l'unica realtà capace di superare tutto, anche il limite invalicabile della morte.

L'atteggiamento di fronte alla morte, invero, costituisce l'aspetto significativo dell'esistenza. E ciò non già perché altri aspetti, quali l'impegno nel mondo o la visione dell'uomo, non abbiano pari valore, ma perché la morte è il valore determinante per un confronto sulla concezione della vita. La morte, quale dimensione fondamentale dell'esistenza umana, è implicita nell'esistenza stessa: non le si aggiunge, le appartiene, non è accidentale o contingente, ma essenziale e necessaria. La necessità di morire appartiene inseparabilmente all'essere-nel-mondo; la stessa corporeità, che inscrive l'uomo nel mondo e lo lega agli altri, porterà un giorno alla separazione e alla rottura. L'uomo non è solo essere-nel-mondo, ma anche essere-per-la-morte, questi sono i due lati correlativi e inseparabili della stessa esistenza corporea.

La morte manifesta con chiarezza il paradosso più rilevante dell'esistenza umana: la corporeità offre la possibilità di agire umanamente e lo spazio per realizzare il significato dell'esistenza nel mondo, attraverso il dominio del proprio corpo. L'uomo domina il mondo e riesce a trasformarlo e ad umanizzarlo, ma la stessa esistenza corporea gli impedirà un giorno di agire umanamente nel mondo. In nessun momento, pertanto, l'unità con il proprio corpo e la non identificazione con esso si vivono più acutamente e concretamente che nella morte. Il senso stesso della vita e dell'opera umana è profondamente legato alla morte. Se l'esistenza umana viene definita senza includere la morte, quest'ultima apparirà come un elemento esterno che ne distrugge il senso e la rende assurda. Se invece la necessità di morire si manifesta come un'esigenza inseparabile dalla condizione corporea, rimane inserita necessariamente in un'esistenza che viene vissuta e realizzata in un ambito di significati e valori. Nel corso della vita la morte si vive come strettamente connessa con il significato della esistenza, perché l'uomo è un'unità sostanziale di materia e di spirito, organismo vivente e coscienza, che non agisce indipendentemente dai processi biologici. Le due componenti sono inscindibili, senza che lo spirito abbia però dipendenza intrinseca dal corpo. La morte non è solo alla fine della vita, ma in tutte le azioni e nell'orientamento della vita stessa; alla fine c'è l'atto di morire, ma questo è un atto che è stato implicito in tutta la vita. Tutto ciò invita a cercare il significato della morte in riferimento all'esistenza umana. Nonostante sia misteriosa e apparentemente disastrosa, la morte è sempre una condizione umana. Paradossalmente, la certezza di non morire annichilirebbe la vita, le farebbe perdere tutta l'attrattiva e l'interesse[24].

La speranza appare l'unico atteggiamento possibile perché non siano assurde, nello stesso tempo, la vita e la morte. L'interrogativo sul valore della speranza s'innesta sulla possibilità dell'impossibilità della morte, o del nulla assoluto per l'uomo[25].

---

[24] «Una vita intra-mondana perpetua cesserebbe di essere vita: vivremmo da morti, non agiremmo più. Perchè fare oggi se il tempo è inesauribile? Un tempo inesauribile è già un tempo esaurito. L'immortalità come prolungamento indefinito della vita nel tempo non solo atterrisce, ma provoca anche ribellione come condanna alla morte metafisica. L'uomo muore e vuole morire perchè sa che il suo fine non è il tempo. Nel caso che l'uomo non morisse, lo spirito perderebbe la sua dignità, sarebbe egli il condannato a morte, incatenato alla perpetuità temporale e ripugnante ai suoi fini» R. LUCAS LUCAS, *Antropologia e problemi bioetici*, Cinisello Balsamo, 2001, pp. 152-153.

[25] «Il punto di partenza inevitabile è il fatto che noi esistiamo nel nostro mondo e che il nulla, cioè il principio e la fine di ogni esistenza, costituisce il suo tratto essenziale. Ma proprio questa presenza del nulla fa nascere il dilemma che investe tutta la vita: o il nulla è una forza nullificante, e allora niente può avere un significato qualsiasi, o il nulla è soltanto l'apparenza di una Presenza nascosta cioè di una Forza infinita e incondizionata, e allora il valore e il significato della vita sono garantiti. Se si accetta la seconda alternativa, si è di fronte al Mistero, cioè di fronte appunto ad un Assoluto che è l'alfa e l'omega, l'inizio e la fine di ogni cosa reale. Ma non potendosi identificare con tali cose, il Mistero nasconde una Realtà trascendente che è al di

Con la morte scompare nel nulla ogni esistenza; questo è ciò che la ragione rileva, ma è altrettanto indubitabile che l'uomo si è sempre istintivamente ribellato a questo annullamento ed abbia cercato, aggrappandosi a varie forme di speranza, una certa sopravvivenza, se non l'immortalità. Questa constatazione lascia intuire che l'atteggiamento della speranza non appartiene all'evanescente mondo delle forme oniriche o delle illusioni, ma all'esperienza più profondamente autentica dell'uomo. Al di là delle argomentazioni metafisiche, v'è l'istinto di conservazione e di sopravvivenza che si esprime nella lotta per la vita, per cui il vivere è identico allo sperare, nonostante la morte. C'è in tutti noi, a livello di inconscio, un'esigenza, un bisogno, un desiderio di sopravvivere alla morte fisica. Ci si rifiuta alla morte anche quando si sa di dover morire; e chi ha tentato di farsi violenza con il suicidio è spesso indotto dall'istinto, se non dalla ragione, a tornare indietro per rimediare ad un gesto irreparabile.

Se ci si appella alla determinazione scientifica le due opzioni della finitezza e dell'immortalità sono alla pari: è possibile che l'essere contingente si annulli; è possibile che esso duri oltre la morte, e che la morte non sia che una modalità dell'esistenza.

Appare, però, ragionevole dare credito alla speranza[26], per-

---

là di tutto ciò che rientra nella sfera dell'esperienza [...] La fede religiosa è un atto libero e personale che non ha nulla a che fare con il sapere scientifico, perchè non riguarda la realtà del mondo, ma è l'abbandono dell'uomo a Dio cioè la speranza in un futuro che apporti pace e felicità» N. ABBAGNANO, «Il filosofo e il bisogno di Dio», in *Il Giornale*, 6 luglio 1985.

[26] Occorre cercare di motivare razionalmente una speranza, riferendosi a coloro che sperano senza rinunciare al pensiero razionale. Il credente deve dar ragione della sua speranza. «A ciò non può più rispondere l'esperienza fondamentale sul mondo e l'uomo come manifestazione e esser-ci di Dio. Qui bisognerebbe poter sperare nell'esperienza di una manifestazione assoluta, nella promessa di una parola univoca e definitiva per una remissione rigeneratrice. Una antropologia integrale dovrà perciò definire l'uomo come colui che, coscientemente o inconsciamente, nell'ubbidienza della vita nei confronti della Parola creatrice, che è Dio stesso, e quindi nel compimento del suo nome ascolta una parola di redenzione forse pronunciata» J. SPLETT, «Sulla possibilità di pensare Dio oggi», in W. KERN - H. J. POTTMEYER – M. SECKLER, edd., *Corso di teologia fondamentale,* Brescia 1990, p. 180.

ché nell'esistente tutto spinge verso la possibilità positiva: l'idea stessa di progetto che si realizza solo nel divenire, a partire dal futuro, definisce la singolarità della situazione limite dell'uomo. La speranza appare come categoria autentica e positiva dell'esistenza, intesa a dar valore alla situazione attuale ed anche a trascenderne la finitezza, almeno a livello di aspirazione. L'uomo è in tensione permanente tra finito e infinito, tra situazione temporale e prospettiva eterna in forza della sua facoltà naturale di conoscere e volere, per cui non consegue mai il traguardo finale, pur aspirando sempre a raggiungerlo.

È proprio da questo mondo in contrasto, del quale bisogna ben conoscere le difficoltà e nel quale ci si trova di fronte alla difficile gestione della propria libertà in mezzo a molte coercizioni, che emergono i valori e le opportunità. È cosi che la speranza si rivela importante per guidare e orientare l'uomo frastornato e disorientato. La speranza apre una gioia di vivere che salva dalla tendenza alla depressione che aspetta al varco colui che, tutto preso dall'effimero e dalla vanità, è costantemente minacciato dal fallimento e dalla morte.

La presa di coscienza della nostra fragilità e, contemporaneamente, di un orizzonte più grande di quello della storia ci offre l'occasione di assumere più serenamente e felicemente la precarietà della nostra vita. Il gusto della vita viene dalla libera accettazione di vivere e di rischiare per i valori che si vogliono difendere. La speranza ultima dovrebbe renderci liberi.

La speranza, questa virtù leggera e capace di mobilitare, ci consente di abitare il mondo gioiosamente, ma anche con responsabilità. La speranza è quindi espressione d'un dinamismo spirituale insoddisfatto del già conseguito, proteso a quello che resta da raggiungere e che si considera difficile ma non impossibile.

Anche se si assiste ormai al tramonto delle «filosofie della crisi», che furono lo specchio drammatico della nostra storia recente di guerre e di sopraffazioni, il tema centrale da esse evocato, dell'angoscia e della morte ovvero della speranza, non è evitabile neppure dalle nuove epistemologie, perché riguarda semplicemente l'uomo in quanto uomo.

La domanda centrale che si pone alla riflessione è, quindi, se la speranza si possa considerare una struttura dell'esistenza, almeno allo stesso titolo dell'anticipazione della morte, o si debba intendere solo come stato emotivo, destinato a svanire nella consapevolezza del nulla dell'esistente[27].

5 - Il problema del fondamento antropologico della speranza

La speranza si fonda su un'indigenza dell'essere umano che si sente costretto e limitato dalla realtà empirica e che fa di tutto per far saltare le opprimenti barriere che ostacolano i suoi desideri e aspirazioni. «La speranza sembra scaturire da un acuto senso del limite e della finitudine umana»[28].

Si pone, perciò, la questione essenziale: la speranza fondamentale è immanente, opera dell'uomo, oppure trascendente, che supera di molto la persona ed ogni sua possibilità?[29] Il pro-

---

[27] «È merito dell'esistenzialismo, più che delle filosofie sistematiche, l'aver ricondotto il problema "morte-speranza" all'esperienza concreta e singolare dove ha veramente significato per l'esistenza, sia per la sua componente emotiva che per il suo significato ontologico. Nell'ontologia heideggeriana la morte appartiene da sempre all'uomo e fa tutt'uno con la sua esistenza. Non è un fatto aggiuntivo, un accadimento che viene dal di fuori. I vari esistenzialismi, pur avendo in comune il tema della morte come situazione limite per l'esistenza umana, si dividono per il diverso modo con cui vi si avvicinano: con esigenza etico-religiosa, fenomenologico-agnostica, ateo-nichilistica, etico-laica. La differenza è così profonda che non si può pronunciare un'opposizione di principio tra "essere per la morte" ed "essere per la speranza": vi sono esistenzialismi aperti alla speranza dopo la morte, d'ispirazione personalistica e religiosa; altri radicalmente chiusi in nome dell'ateismo, della disperazione o anche dell'agnosticismo» E. MARIANI, «Essere-per-la-morte ed essere-per-la-speranza nell'esperienza francescana», in *La speranza: atti del congresso promosso dal Pont. Ateneo «Antonianum» 30 maggio - 2 giugno 1982*, Brescia, 1984, p. 110.

[28] L. ALICI, «Verso un'etica della speranza», in G. SANTINELLO, ed., *Progetto scientifico*, p. 49.

[29] Per questo l'uomo deve certamente chiedersi se per caso non abbia bisogno dell'impossibile e per conseguenza egli sia una costruzione assurda, una anomalia dell'evoluzione.

blema del fondamento antropologico della speranza è parte del più vasto problema che cerca la risposta alla domanda sull'essere dell'uomo (che cosa è l'uomo?), cioè sul significato dell'esistenza umana: la vita umana ha o non ha senso? Se lo ha, qual è il suo senso ultimo? Questo va ricercato in un'ottica immanente, intramondana, oppure in una visione trascendente che supera di molto l'uomo e le sue possibilità?

È interessante rilevare come in psicologia vi sia stata un'evoluzione del concetto di persona e come si sia passati dalla concezione meccanicistica e riduttiva proposta dal behaviorismo e dalla psicoanalisi a quella più positiva e aperta[30], scaturita dalla psicologia umanistico-esistenziale. In seno a quest'ultima Scuola, poi, si nota un graduale passaggio da una posizione immanentista, che si propone come meta finale la realizzazione o attuazione dell'individuo, verso l'aspirazione dell'uomo a superare se stesso, a tendere verso valori e significati che stanno al di fuori e al di sopra di lui.

Nel primo caso, l'auto-realizzazione viene presentata come il traguardo finale dell'esistenza; anche se l'auto-realizzazione non si raggiunge mai nella sua perfezione, il nostro sforzo per realizzarci è abbondantemente ricompensato dalle *peak experiences*[31]. Questa concezione immanentistica ha dei limiti nello

---

[30] G. W. Allport vede le varie teorie sulla personalità distribuite su una gamma che parte da una concezione «chiusa» per terminare in una «aperta». Egli parla di sistema chiuso quando la personalità viene definita in base a fattori presenti nell'individuo, escludendo qualunque elemento esterno; si ha invece il massimo indice di apertura con la dimensione sociale, quando la persona sente il bisogno di relazioni interpersonali, di uscire da sé per interessarsi all'altro, aprendosi al rapporto dialogico tra un io e un tu.

[31] «Sembra quasi che esista per l'umanità un valore ultimo ed unico, una meta remota cui tutti gli uomini tendono. Ovviamente, i nomi che ciò assume secondo i vari autori sono diversi: autorealizzazione, auto-attuazione, integrazione, salute psicologica, individuazione, autonomia, creatività, produttività; ma tutti gli autori concordano sul fatto che ciò comporta la realizzazione delle potenzialità di una persona; vale a dire, il fatto che la persona divenga pienamente umana, divenga cioè, senza eccezione, tutto ciò che è in grado di divenire [...] Ottenendo la gratificazione dei bisogni fondamentali riusciamo ad attingere numerose *peak experiences* (esperienze delle vette),

stesso orizzonte in cui si muove, mancando un tentativo di trascendere la visione egocentrica che le è propria[32].

A questa prospettiva immanentistica si contrappone il concetto di autotrascendenza[33]. La psiche umana è vista come naturalmente orientata verso valori superiori che la invitano a trovare la sua piena realizzazione nel superamento di sé. L'uomo non è succube delle situazioni, ma prende posizione di fronte ad esse; ogni situazione porta in sé un significato: spetta a ciascuno di noi cercarlo e trovarlo, perché esso è unico. Quel significato svolgerà un duplice compito nell'uomo: gli infonderà la forza per attuarlo e fisserà per sempre il valore dell'azione, in modo che nessuno potrà mai privare l'uomo di quel tesoro che egli ha fissato nel solco della vita. Questi concetti, pregni di fiducia nelle risorse dell'uomo e di ottimismo nella vita, se accettati e fatti propri in modo convinto, danno ad ognuno la capacità di fronteggiare qualunque situazione di dolore, di incomprensione e di emarginazione, mantenendo viva la spe-

---

ciascuna delle quali costituisce un piacere assoluto, perfetto in se stesso, sufficiente, in se stesso, a dar valore alla vita. Ciò equivale a respingere la motivazione che esista in qualche luogo un Paradiso al di là del termine della vita. Il Paradiso, per così dire, ci aspetta entro la vita stessa, pronto ad entrare in noi, e farcene godere prima che si debba ritornare alla nostra consueta vita di tensione. E una volta sperimentato, potremo ricordarcene per sempre, nutrirci del suo ricordo, e sostenercene nei tempi di miseria» A.H. MASLOW, *Verso una psicologia dell'essere*, Roma 1971, pp. 155-156.

[32] «In modi diversi, queste teorie propongono come ideale e come fine l'io, senza valori autenticamente trascendenti. Se è vero che Maslow e Allport fanno riferimento a valori quali la libertà, la giustizia, l'amore, rimane il fatto che la misura di quella che chiamano autotrascendenza è sempre il soggetto stesso, e la misura del valore resta soggettiva» F. IMODA «Maturità umana e vocazione», *CivCatt* (1980) II, p. 470.

[33] V. Frankl definisce l'auto-trascendenza come «l'essenza dell'esistenza umana». «Per auto-trascendenza intendo il fatto che essere-uomo vuol dire fondamentalmente essere orientato verso qualcosa che ci trascende, verso qualcosa che sta al di là e al di sopra di noi stessi, qualcosa o qualcuno, un significato da realizzare, un altro essere umano da incontrare e da amare. Di conseguenza, l'uomo è se stesso nella misura in cui si supera e si dimentica» V. FRANKL, *Alla ricerca di un significato della vita: i fondamenti spiritualistici della logoterapia*, Milano 1971, p. 121.

ranza di intravedere la luce anche nelle tenebre e la capacità di sperare fino alla fine, fino alla morte.

È così che la virtù della speranza appare come il fiore che affonda le radici nell'*humus* della psiche umana, nella quale Dio ha messo l'anelito verso l'eterno.

6 - Alcune concezioni della speranza nel pensiero filosofico.

Naturalmente, il tema della speranza è stato ampiamente trattato in filosofia. Dopo un incerto apparire in un frammento di Eraclito (*fram.* B,18) non è stato più oggetto di riflessione filosofica neppure nel pensiero cristiano, nel quale occupa un posto rilevante ma non molto sistematico, in confronto alla fede e alla carità, le altre virtù teologali. In Cartesio e nei post-cartesiani, come Spinoza e Hume, è stata considerata piuttosto sommariamente come passione dell'anima e quindi definita o descritta come stato emotivo. Ha invece assunto valore filosofico-etico in Kant, nella forma della infinita felicità possibile; altrettanto si può dire della filosofia della speranza di Ernst Bloch, nel quale tuttavia il suo significato è contenuto nei limiti dell'utopia storica, caratteristica del marxismo critico.

Kant, dunque, è stato il primo che, nel pensiero moderno, si è posto l'interrogativo sulla speranza e ha tematizzato la problematica. Egli formulava, al termine della *Critica della Ragion Pura* tre domande: «Che cosa posso sapere? Che cosa devo fare? Che cosa posso sperare?»[34] L'interrogativo di Kant è tutto incentrato sull'oggetto della speranza: si tratta di scegliere la meta, non di porre in questione l'esistenza della stessa. Egli si interroga sulla meta della possibile speranza, non sulla speranza stessa. Partendo dal problema dell'uomo, Kant giunge a quella che chiama fede razionale in Dio; egli quindi conserva la fede nella speranza.

---

[34] I. KANT, *Critica della Ragion Pura,* Bari 1969, p. 612.

Con Hegel questa diviene fede nella perfetta realizzazione dell'umanità, nel raggiungimento dell'assoluto. Egli ritiene che la finitudine dell'uomo non debba essere intesa come costitutiva dell'uomo stesso, ma come un momento di alienazione, di non ancora perfetta maturità del pensare, che tende verso l'assoluto. Il vivere diviene in Hegel la corsa dell'uomo e dell'intera storia verso l'assoluto, corsa nella quale tutti gli ostacoli non solo debbono essere superati, ma hanno già in se stessi la potenzialità del superamento, in quanto la struttura della realtà si manifesta dialetticamente[35].

Marx mantiene, ma nello stesso tempo limita, la spinta hegeliana al divenire. Quella che era una dialettica cosmica viene ricondotta sul piano dell'umano e l'uomo ritorna al centro del problema e della concezione materialistico-storica, con il tentativo di riscattarlo dalla sua alienazione[36]. Con Marx la speranza trova la sua base scientifica: il socialismo diviene scienza della speranza in quanto rende esplicita la speranza dell'uomo stesso, che da vaga e generica prima, da tutta intellettuale poi, diviene ora presente e concreta. La speranza non può ignorare o tradire le attese delle situazioni storiche; solo una speranza che operi

---

[35] Lo storicismo dialettico di Hegel incappa nella morte come in un incidente di percorso della fenomenologia dello Spirito. La sopravvivenza dell'uomo è il risultato della sua morte come singolo; mortale diviene immortale negandosi come individuo. In tal modo egli celebra la sua dignità di soggetto empirico e attinge il sapere assoluto prendendo coscienza della morte o anche accettandola per una causa eroica, consapevole che dopo di lui e in lui sopravvive lo Spirito eterno. Ma il trionfo dello Spirito in nome del sistema annulla ogni possibile significato della morte per l'individuo come tale, al quale tuttavia essa appartiene per intero. Ciò che è del singolo è, per Hegel, irrilevante, in quanto è solo in funzione della sintesi superiore che si esige la morte del singolo perché l'umanità viva.

[36] Nella società borghese, nella quale l'intera umanità si trova nello stato di alienazione, il lavoro si configura in modo distorto: non produce l'edificazione dell'uomo, ma, piuttosto, semplicemente merce, alla quale si addice semplicemente un valore di scambio, che ha la sua realtà nel denaro. Il lavoro risulta pertanto alienato, cioè staccato da colui che lo compie, perché è scisso da ciò in cui si esplica, cioè dal suo prodotto. Da qui la necessità di ripagare il lavoro con il salario.

nella storia può mirare ad una autentica condizione di libertà, quale trasformazione qualitativa della vita. «Il compimento della rivoluzione coinciderà con una società in cui il libero sviluppo di ciascuno è condizione del libero sviluppo di tutti»[37]. Marx assume Prometeo a simbolo ed espressione della speranza dell'umanesimo ateo. L'eroe mitologico, il ribelle contro la volontà gelosa degli dei che ha portato all'umanità il benefico fuoco che ha migliorato radicalmente la situazione dell'uomo sulla terra, avrebbe dovuto avere, secondo il filosofo di Treviri, il primo posto nel calendario dei santi atei[38].

Schopenhauer ci riporta con il suo pessimismo ad un altro tipo di speranza, simile a quella della Grecia classica, tutta fondata sulla fiducia nell'uomo, capace di superare, nella via estetica, il mondo della rappresentazione fenomenica e lo stato di perdizione attuale, raggiungendo con le sue forze una completezza ora sconosciuta.

Feuerbach ha basato la sua filosofia sull'antropologia e ha cercato di restituire all'uomo gli attributi divini di cui si era spogliato e, in questo modo, ha fatto di Dio una chimera, giungendo così all'ateismo radicale.

Nietzsche si pone come il vero, l'autentico negatore della speranza. Egli muove da un'originale interpretazione di Schopenhauer, che reputa suo maestro di adozione e, così, ad un pensiero contenuto nell'ambito del logico e del razionale, oppone l'idea del tragico, di un tragico che, proprio per definizione,

---

[37] K. MARX, *Manifesto del Partito Comunista,* Torino 1948, p. 145.

[38] Qualunque forma assuma in Hegel o in Marx, non si può ignorare che la morte è il contrassegno della finitezza dell'uomo. L'impersonalismo offre due antitodi: l'oblio, che gliela fa dimenticare, e il nettare degli dei, cioè la Logica assoluta. La morte diventa una felice necessità di natura perchè la Storia continui. Ma è veramente questa la morte? Non si può dar torto a Kierkegaard che ironizza su chi ci libera dalla paura col parlarci dell'immortalità della specie: «So che alcuni hanno trovato l'immortalità in Hegel, altri no. Io so che nel sistema è assurdo cercarvela. Il problema di cui si discute è l'immortalità dell'uomo mortale, alla quale non si risponde col mostrare che l'eterno è immortale. L'eterno non è certamente il mortale; e parlare dell'immortalità dell'eterno è una tautologia, un abuso di termini» S. KIERKEGAARD, *Briciole di filosofia e postilla non scientifica,* Bologna 1962, p. 364.

non presenta soluzione di sorta. In tal modo si scarta la possibilità per l'uomo di salvarsi e con questo si chiudono le porte alla speranza.

Nietzsche vede nella volontà la radice dell'essere umano e di tutta la realtà. L'uomo non deve, però, indugiare nella semplice «volontà di vita», egli deve raggiungere la «volontà di più vita», ossia la «volontà di potenza», la «volontà di dominio»[39]. Il filosofo, per bocca di Zarathustra, afferma: «ovunque ho trovato un essere vivente, ho trovato anche volontà di potenza; e anche nella volontà di chi serve ho trovato la volontà di essere padrone. Che il più debole sia al servizio del più forte, a questo lo induce la sua volontà, che vuole padroneggiare su ciò che è ancora più debole [...] Questo segreto mi ha raccontato la vita stessa: "Ecco, disse, io sono ciò che deve sempre superare se stessa" [...] Solo dove è vita, là è anche volontà, ma non volontà di vita, bensì volontà di potenza!»[40].

Anche l'uomo è qualcosa che deve essere superato e, per farlo, è costretto ad una svolta decisiva. Alla distruzione di tutti i valori segue la loro transvalutazione. I valori, condizioni di conservazione e di potenziamento rispetto a strutture complesse, sono ripresi perché senza di essi la vita diviene invivibile, ma sono intrinsecamente trasformati. Essi non valgono più, ma hanno peso in quanto sono proprio le condizioni indispensabili di ogni tipo di agglomerato umano, gli elementi senza i quali la vita diviene impossibile. È necessario avere valori, ma è anche necessario transvalutare il valore.

Così, per Nietzsche, Dio lascia il posto al superuomo, il cui imperativo categorico non è più «io devo», ma «io voglio». Il superuomo non ha nulla di trascendente, è il «senso della terra», la stessa coscienza terrestre; è l'uomo geniale, eletto, creatore che supera l'uomo medio, comune; con la sua volontà di poten-

---

[39] «Voler conservare se stessi è l'espressione di uno stato estremamente penoso, di una limitazione del caratteristico istinto basilare della vita che tende a un'espansione di potenza e abbastanza spesso pone in questione e sacrifica, in questo suo volere, l'autoconservazione» F. NIETZSCHE, *La gaia scienza*, Milano 1966, p. 349.

[40] F. NIETZSCHE, *Così parlò Zarathustra*, Milano 1992, II p. 12.

za deve abbattere tutte le categorie convenzionali del bene e del male che sono state create lungo il corso della storia perchè sono contro gli istinti primordiali della vita e impediscono la completa espansione della vita e del piacere. Caratteristica fondamentale del superuomo è di essere al di sopra del bene e del male.

Ora è successo qualcosa di immenso: «Dio è morto»[41], il Dio cristiano, il simbolo stesso della fiduciosa speranza è morto, è decaduto, senza che a questa perdita ci sia rimedio. «I senza paura», i discepoli di Zarathustra, i veri superuomini, sono i soli che osano guardare in faccia questa realtà[42]. Ma, oltre ad essere senza paura, costoro sono anche senza speranza e costretti a spingersi in avanti in una illusione di verità. Con il crollo della possibilità di acquisizione di una vera e propria novità, con la scomparsa della credenza nelle possibilità umane[43], rimane sempre una tensione incontenibile a spingersi sempre più avanti, in un futuro che, seppur tornante su se stesso, rimane la dimensione aperta nella quale l'uomo si getta ed è costretto costantemente a gettarsi[44].

Sartre è d'accordo con Nietzsche nella negazione del significato della vita: nichilismo ontologico ed epistemologico e

---

[41] «Il maggiore degli avvenimenti più recenti- che "Dio è morto", che la fede nel Dio cristiano è divenuta inaccettabile- comincia già a gettare le proprie ombre sull'Europa. Almeno a quei pochi lo sguardo, la differenza di sguardo dei quali è abbastanza forte e sottile per questo spettacolo, pare appunto che un qualche sole sia tramontato, che una qualche antica, profonda fiducia si sia capovolta in dubbio: a costoro il nostro vecchio mondo dovrà sembrare ogni giorno più crepuscolare, più sfiduciato. Più estraneo, più antico» F. NIETZSCHE, *La gaia*, p. 204.

[42] «Noi filosofi e spiriti liberi alla notizia che il vecchio Dio è morto ci sentiamo come illuminati da raggi di una nuova aurora» F. NIETZSCHE, *La gaia*, p. 342.

[43] Per Nietzsche la scienza è considerata nella classica accezione positivistica, secondo cui la verità è data dalla materia, dal dato ultimo e definitivo che appare sotto il volubile del divenire, che solo la scienza è in grado di determinare.

[44] Con ciò si riafferma l'insopprimibile potenza della speranza, che perciò è intrinseca alla costituzione stessa dell'uomo, costituente l'uomo stesso, ma anche l'infondatezza e l'illusorietà della speranza, che trasforma questa facoltà nell'estremo tormento umano.

conseguente rifiuto di Dio. Per l'uomo del nostro tempo «Dio è morto», e qualora ci fosse Dio, bisognerebbe eliminarlo; solo in questo modo potrà vedere la luce l'uomo autentico, assolutamente autonomo.

Heidegger[45] parte dal problema dell'uomo e, attraverso di esso, arriva al problema supremo dell'essere, di fronte al quale rimane esitante. La morte è la fondamentale attesa, il senso direzionale dell'esistenza. Allorché Heidegger parla di «essere-per-la-morte», è l'attesa della morte che già investe il nostro essere nella sua anticipazione[46]. La morte[47] viene anticipata in quanto realtà che già, fin da ora, condiziona la nostra vita. Ma questa non è una speranza; è semplicemente un'attesa, dalla quale la speranza risulta esclusa, poiché la morte si delinea di fatto come la fine di ogni speranza. La morte, in quanto «possibilità dell'impossibi-

---

[45] Heidegger è, nel nostro tempo, il maggiore assertore della finitudine dell'essere. Egli accetta la morte e con essa la finitudine dell'esistenza. «Mortale» viene ad essere il nome che l'uomo assume come suo proprio, nel quale si rivela la sua più appropriata dimensione. L'uomo riceve la consacrazione della propria finitudine nella sua impossibilità di fornire una risposta alla domanda fondamentale: «perché l'essente e non piuttosto il nulla ?». Ma, proprio in quanto mortale, l'uomo si mostra nella sua relatività, relazionalità, apertura.

[46] Heidegger cerca di anticipare per sapere il proprio essere vero e per accettarne consapevolmente il destino dell'impossibilità ad esistere.

[47] Comprendere la morte significa considerarla senza illusioni, come condizione specifica del *Dasein-Esserci,* come sua struttura ontologica, anzi come sua possibilità più propria. Comprendere la morte non è quindi evadere nell'anonimato, ma assumerla come propria decisione anche nella sua indeterminatezza quanto al tempo, al modo, al luogo, come quel particolare essere che deve venire, senza il peso ingombrante del passato, senza rimpianti ed abbandoni. Insomma libertà lucida per la morte. Infatti, se la morte è la verità vera dell'esistenza, allora è preferibile guardarla in faccia e ricavarne o il coraggio stoico per anticiparne l'evento o la solidarietà nel dolore per i condannati ad un medesimo destino. Però, anche comprendere la morte guardandola in faccia in nome della «decisione esistenziale» o del destino è un non pronunciarsi sulla speranza o sulla disperazione dell'esistenza in rapporto alla morte, perchè rimangono insoluti e inspiegabili gli interrogativi più profondi della coscienza che riguardano il valore del tempo che precede la morte o del futuro che si promette dopo.

lità», nega la speranza, ma si fa essa stessa centro dell'ad-venire; si erige come il termine e, nello stesso tempo, la meta del nostro progetto e, in quanto pro-getto, esige un atto di volontà, chiamato decisione, con cui si escludono da tutti gli altri possibili progetti quelli che non concernono la morte, l'unico definito appropriato. Con la decisione si taglia dunque non solo la possibilità di altri progetti, ma anche la possibilità stessa della speranza.

Gabriel Marcel, nella sua opera *Homo viator*, analizza la condizione dell'uomo che, in quanto *viator*, è sempre in via, per cui la sua virtù fondamentale è la speranza[48]. Egli afferma che le filosofie dell'esistenza fondate sull'angoscia hanno fatto il loro tempo e c'è da temere davvero che conducano ad un vicolo cieco. Esse possono rinnovarsi solo attraverso una meditazione sulla speranza e sulla gioia. Egli trasferisce l'attenzione al «mistero» dell'essere, come si dà nell'esperienza immediata dell'io-tu, cioè nel dinamismo assiologico della persona e del suo rapporto intersoggettivo; in tal modo coglie l'occasione lasciata cadere da Heidegger di considerare in concreto l'essere-per-la-morte come mistero dell'essere aperto al mistero della fede.

Bloch[49] con il suo *Principio speranza* ha fatto di questo tema il vero polo di attenzione di tutta la sua filosofia ed ha il merito di averlo sollevato al piano alto della coscienza storica e di aver chiaramente indicato la speranza come attiva tensione al destino più proprio dell'uomo. Egli ha ereditato la visione marxista della storia[50] e, con la sua *speranza-sperante*, le ha infuso un

---

[48] Marcel ha tentato una «metafisica della speranza» da un'analisi dell'esistenza e della morte che fa leva proprio sulla sua problematicità o meglio misteriosità.

[49] Al contrario di Heidegger, Bloch ignora il presupposto della finitudine esistenziale e, così, si volge verso l'impossibile direzione di una liberazione dell'uomo dalla morte. «Le ganasce della morte tritano tutto e le fauci della corruzione triturano ogni teleologia» E. BLOCH, *Il principio*, p. 1301.

[50] Bloch ha mediato la prospettiva kantiana dell'imperativo morale, secondo cui la massima della propria azione deve sapersi elevare a principio di una legislazione universale, con quella del *Manifesto*, dicendo che «l'imperativo categorico, formulato da Kant, è possibile con piena coerenza solo in una società senza classi» E. BLOCH, *Experimentum mundi*, p. 223.

nuovo dinamismo che culmina in un Novissimo-Ultimo di pienezza esclusivamente immanente e intramondana, intendendo, così, la speranza come un «trascendere senza trascendenza»[51]. La sua opera principale *Il principio speranza* si apre con queste domande: «Chi siamo? Da dove veniamo? Dove andiamo? Che cosa ci aspettiamo? Che cosa ci aspetta?»[52]. La speranza è vista come l'anima più intima di tutta la realtà, quasi il suo respiro o soffio vitale; tutto è pervaso da un dinamismo, da un anelito che vuole realizzare ciò che nessuno ha mai visto, ciò che gli spiriti più perspicaci e più lungimiranti dell'umanità hanno intravisto e anticipato nei loro più arditi sogni e nelle loro più audaci visioni, ciò che non ha avuto ancora luogo sulla terra, la non ancora realizzata utopia, che è l'essenza di tutto e che spinge alla propria realizzazione l'*Homo*. *Homo* che finora è latente nel processo mondiale, *Homo absconditus*, che però, per virtù propria, per mezzo del lavoro e della rivoluzione si farà *Homo revelatus*, uomo pienamente realizzato e manifestato, che non sarà più soggetto alla morte. Un tale uomo nuovo evidentemente non è ancora nato, noi tutti siamo solo i non-ancora-riusciti tentativi di produrlo, tutto è ancora in via e l'esito di questo processo è incerto, data la possibilità di conflagrazione e di annientamento totale. Ma la speranza spinge al suo soddisfacimento e non si tratta di una semplice potenzialità, nè di una astratta possibilità, ma di una *potentia-possibilitas*: per questo egli parla non di certezza, ma appunto di speranza. «Il compito è dunque da sempre quello di respingere sempre più indietro la possibilità come dimora materiale della paura, tramite la possibilità nel senso di una fortunata aspettativa di una dimora materiale per una speranza comprovata, positivamente aperta»[53].

Il mondo costituisce un *laboratorium possibilis salutis*, in esso avviene la ricostituzione dell'uomo, il regno dell'uomo, che ha come presupposto che «non rimanga nessun Dio nei cieli, in quanto non c'è proprio lassù e non ce n'è mai stato

---

[51] E. BLOCH, *Ateismo nel cristianesimo*, Milano 1971, p. 114.
[52] E. BLOCH, *Il principio*, p. 5.
[53] E. BLOCH, *Experimentum mundi*, p. 142.

uno»[54]. La religione non è altro che un'immensa anticipazione, un immane sogno ad occhi aperti del futuro non ancora realizzato. «È l'avanti che attira, perchè lo si può formare, non il lassù»[55].

La speranza è, così, per Bloch un prodotto dell'opera dell'uomo, portata dallo stesso uomo a compimento nel *laboratorium spei*. Tutto ciò che non si può fare da soli viene esplicitamente eliminato.

---

[54] E. BLOCH, *Il principio*, p. 1524.
[55] E. BLOCH, *Ateismo*, p. 25.

CAPITOLO II

I FONDAMENTI CRISTOLOGICI DELLA SPERANZA NELL'ANNUNCIO DI GIOVANNI PAOLO II

1 - La speranza cristiana

La speranza è una nota caratterizzante della storia umana ed è anche una delle dimensioni essenziali del cristianesimo. C'è un intrinseco raccordo tra speranza-umana e speranza-cristiana, che si specifica nelle modalità, nelle forme, negli atteggiamenti e nei comportamenti con cui l'uomo vive nel mondo, si rapporta con gli altri e si adopera per compiere il suo destino. La speranza è una virtù propria dei credenti, ma può essere vissuta anche dai non credenti[1]?

La speranza cristiana si basa, si alimenta e culmina in Gesù Cristo, nella sua persona, nel suo impegno umano, nel suo messaggio, nel suo destino finale, nell'incorporazione a Gesù risorto. L'oggetto della speranza cristiana è la salvezza cosmica, che si realizza con l'avvento del Regno di Dio, che appare come compimento dell'attesa umana nelle sue espressioni più fonda-

---

[1] «Per Paolo il segno che caratterizza i cristiani è la speranza, mentre la mancanza di speranza è il segno caratteristico degli atei. Certamente nel catalogo delle virtù cristiane si è sempre nominata la speranza. Ma, gli "altri" sono assolutamente privi di speranza? Bloch con la sua opera ha posto la speranza al centro di attenzione di tutta la filosofia. Anzi per lui solo un ateo è un uomo che spera» J. RATZINGER, «Sulla speranza», in *La speranza: atti del congresso promosso dal Pont. Ateneo «Antonianum» 30 maggio - 2 giugno 1982*, Brescia 1984, p. 10.

mentali e costanti. «Sperare, nel contesto della rivelazione neotestamentaria, significa credere che Pasqua-Pentecoste fondano per tutti una nuova possibilità di vivere in e con Dio»[2].

I cristiani devono essere sempre testimoni ed operatori di speranza in tutte le condizioni, quindi anche nella situazione attuale; la speranza è un elemento caratterizzante dell'esistenza cristiana: un cristiano senza speranza è una contraddizione, un non senso, come lo sarebbe un cristiano senza fede o senza amore. I cristiani sono chiamati ad essere «pronti sempre a rispondere a chiunque vi domandi ragione della speranza che è in voi» (1Pt 3,15); del resto essi non debbono vivere nella tristezza «come gli altri che non hanno speranza» (1Ts 4,13)[3].

Se la distanza cronologica e culturale tra noi e i cristiani del primo secolo – ai quali era diretta la Prima Lettera di Pietro – è immensa, lo sfondo spirituale è molto affine. Se oggi viviamo in tempi difficili, non possiamo ignorare che gli Apostoli e la prima comunità cristiana vissero le stesse, se non anche maggiori, difficoltà, angustie e paure; certamente anche per loro si presentò l'interrogativo: come è possibile sperare? Il fantasma accecante della disperazione assillava loro come noi oggi. Perciò nei momenti di serie difficoltà e intense sofferenze v'è l'esortazione a mantenere ferma la speranza[4]; l'apostolo Paolo, con il suo famoso invito a «sperare contro ogni speranza» (Rm 4,18), spinse le comunità cristiane a porre in primo piano questa importante virtù.

La speranza cristiana non si identifica con la speranza mondana, bensì la converte profondamente, rinnovandola[5]. Il

---

[2] D. MONGILLO, «Virtù teologali», *NDTM*, p. 1490.

[3] Cf. anche Ef 2,12.

[4] Questa esortazione è ben presente già nell'Antico Testamento (Sal 62,5; Sal 71,5; Pr 23,18; 2Mac 7,20).

[5] «La speranza cristiana è speranza oltre la morte, una speranza di vita, del compimento di questa vita, e non di un'altra verso la quale fuggire. La speranza oltre la morte non è tale da produrre disprezzo e cinismo nei confronti dei beni presenti; ma è speranza che consente apprezzamento, gratitudine, dedizione alla promozione dei beni presenti, pure nella lucida e sobria consapevolezza del limite della morte» G.ANGELINI, «Speranza», *NDT*, 1985[4], p. 1532.

Vangelo suggerisce un modo nuovo di pensare la speranza. È Gesù che si pone come scandalo della speranza e insieme come fondamento che la sorregge. Può sembrare un paradosso, ma Gesù non si presenta come un semplice profeta che annuncia il futuro avvento di Dio; egli dichiara che il regno di Dio è già arrivato nella Sua persona, nelle Sue parole e nelle Sue attività; con il Suo arrivo iniziano i tempi nuovi. Accoglierlo o rifiutarlo è per l'uomo una questione decisiva. Tuttavia questa pretesa di Gesù sembra continuamente smentita: l'opposizione e il rifiuto si fanno sempre più forti e chiari e l'avvento di Dio sembra annullato dalla Croce.

La storia del Messia porta con sé lo scandalo della speranza; il medesimo scandalo si introduce nell'esperienza della comunità anche dopo la risurrezione. Passati i primi entusiasmi i cristiani si sono ben presto accorti che il mondo continua per la sua strada, nella sua arroganza e nel suo peccato, e che addirittura il peccato e la divisione colpiscono anche la comunità. Tutto sembra continuare come prima. Ma allora come è possibile continuare a sperare? Occorre tornare a Gesù, che è, al tempo stesso, scandalo e fondamento: scandalo che costringe la speranza a purificarsi, scrostandosi delle sue molte illusioni; fondamento che le offre una ragione più solida di ogni fallimento.

Il Crocifisso è la gigantografia di tutte le ragioni che congiurano contro la speranza: la verità zittita, il dono di sé incompreso e deriso, «ha salvato altri, non salva se stesso» (Lc 23,35), persino la fiducia in Dio messa in dubbio perché inefficace, «ha confidato in Dio. Lo liberi Lui ora, se gli vuol bene» (Mt 27,43). Ma se da un lato il Crocifisso sembra essere la sconfitta della speranza, dall'altro ne è il più solido fondamento, a motivo della risurrezione. La verità che si voleva far tacere è risuonata più forte di prima e l'amore che si è deriso per la sua debolezza è apparso più forte della stessa morte. La speranza di Gesù non si lascia distruggere dall'abbandono e dall'insuccesso, perché solidamente fondata sulla certezza della presenza del Padre[6].

---

[6] La speranza evangelica nasce dalla certezza della fedeltà di Dio, non da situazioni storiche favorevoli o da un generico ottimismo o da un'ingenua

Per i cristiani la speranza è Cristo, Gesù risorto[7]. In Lui sono pienamente manifesti il valore e la consistenza di tutte le cose che trovano nell'intervento di Dio nella storia il loro completamento. Cristo, quindi, se è la manifestazione massima della nostra vita in Dio, è anche l'unica via per potervi giungere. È essenziale guardare sempre a Cristo se vogliamo ritrovare motivazioni e forze per proseguire nel cammino; questo indipendentemente dai risultati che, proprio in relazione al futuro compimento, non potranno mai corrispondere ai nostri progetti.

Non si può mantenere intatta la fiducia senza una sicurezza, né si può restare fermi nella solitudine senza una compagnia. Così la speranza, mentre chiama il cristiano alle sue responsabilità, gli fa anche sentire il Cristo sempre più vicino e operante con lui: è nella Sua vittoria la nostra fiducia, così come la nostra forza è nella Sua presenza, tramite anche il dono dello Spirito, in noi e tra noi. È con Lui e in Lui che andiamo verso una pienezza che sopravanza le nostre forze, la nostra immaginazione e la nostra stessa comprensione.

La speranza, se è sguardo lontano, non è mai sguardo perso nel vuoto: non siamo soli. Il nostro cammino lo facciamo accompagnati da un Padre, che ci attende con trepidazione, da un Avvocato, che intercede continuamente per noi, e da un Consolatore, che ci rinfranca costantemente facendoci intravedere la meta mediante i tanti segni dei tempi che semina lungo la storia del mondo, precedendoci nel cammino e realizzando già in parte quello che sarà poi il nostro compito, lavorando in modo misterioso. Siamo sempre preceduti, tanto nella concezione del disegno quanto nella sua attuazione. Quello che ci è richiesto è di assecondare, di non opporre resistenza, di non presumere in noi, ma di lasciarci guidare. In questo senso la spe-

---

fiducia nelle possibilità dell'uomo. È una speranza sottratta all'alternarsi delle vicende e agli alti e bassi della storia. È la fedeltà di Dio che dà al cristiano il diritto di sperare. Nonostante le infedeltà degli uomini, nonostante le forze del male, il disegno di Dio non si interrompe.

[7] «Cristo Gesù nostra speranza» (1Tm 1,1). L'inversione del nome di Gesù costituisce, nella teologia paolina, segno inequivocabile che si sta parlando del Cristo risorto, glorificato.

ranza non delude: la nostra fiducia poggia unicamente in Dio e va quindi al di là delle cose e dei fatti.

La dimensione della speranza si rivela, quindi, fondamentale, non solo come sostegno per un cammino difficoltoso, ma soprattutto in vista di un modo diverso di essere e di porsi nei confronti della storia e del mondo. Noi abbiamo speranza nella fedeltà del Signore che ci dona costantemente nuovo coraggio. Sembra quasi che nessun passo possa essere fatto senza speranza, senza un barlume che dia modo di potersi scrollare di dosso il peso delle strutture di peccato che gravano su di noi e ci conducono ad arrenderci alla rassegnazione e alla morte.

Solo la speranza apre ad un cammino nuovo, ne fa intravedere la meta e spinge ad agire con coraggio, ad osare anche oltre il calcolo. Viene, anzi, prima di ogni calcolo[8]: è come impulso e fede in qualcosa di cui si percepisce la bontà e la validità. Lungi dal rinchiudersi, la speranza apre gli occhi e il cuore su uno scenario sempre più vasto.

I cristiani debbono essere annunciatori del mistero pasquale, cioè portatori e testimoni di una verità la cui evidenza non è chiara adesso, ma lo sarà solo in futuro. Tale verità risiede ora solo nella speranza e annunciarla è profezia. Così, l'imperativo

---

[8] «Oggi la visione religiosa riappare di nuovo come speranza anticipatrice per chi, non trovando uscite dalle tensioni attuali, cede a ribellione, abdicazione e disperazione. La speranza, come struttura, è analoga all'attività simbolica. Entrambe colgono nei fatti, eventi, parole e discorsi, un significato che trascende le apparenze empiriche. Entrambe leggono in essi un senso ulteriore. Un universo di simboli, però, può rivelare i contenuti religiosi solo in persone e comunità impegnate a superare le contraddizioni esistenziali: limiti, fratture, dissensi, con gesti (riti) ed espressioni simboliche adeguate (liturgia). Anticipazione e speranza possono convergere su esperienze che, pur non giunte a pienezza, liberano già dai razionalismi riduttivi e dai condizionamenti psico-socio-culturali. Il passo ulteriore, per l'esperienza religiosa, è il senso trascendente di un Assoluto, come totalità di significato e valore. Allora, la percezione del limite e dell'assenza si trasforma in speranza di salvezza, il senso di dipendenza risana definitivamente la frattura, lo stupore di fronte al *Tutt'Altro*, che è salvezza totale, può aprirsi ad invocazione e preghiera» G. GISMONDI, *Cultura tecnologica e speranza cristiana*, Milano 1995, p. 92.

«date ragione della speranza» chiede che ritorniamo alla fonte da cui scaturisce. Ci viene offerta l'acqua che, come per la Samaritana (Gv 4,1-30), può colmare la nostra sete di salvezza, dotandoci di risorse perchè il nostro presente, con tutte le sue tribolazioni e sofferenze, non sia la maledizione che ci è toccata in sorte e perchè il futuro non sia un muro invalicabile ed enorme che minaccia di schiacciarci, ponendo fine alla nostra difficoltosa esistenza.

2 - La speranza, una virtù teologale

Nella dottrina cristiana la speranza è una virtù[9] teologale. Secondo il Catechismo della Chiesa Cattolica le tre virtù teologali: la fede, la speranza e la carità «rendono le facoltà dell'uomo idonee alla partecipazione alla natura divina» (CCC 1812); esse si riferiscono direttamente a Dio e fondano, animano e caratterizzano l'agire morale del cristiano. In paricolare, poi, «la virtù della speranza risponde all'aspirazione della felicità che Dio ha posto nel cuore di ogni uomo» (CCC 1818); «la speranza cristiana riprende e porta a pienezza la speranza del popolo eletto» (CCC 1819).

La storia della speranza risale alle prime pagine del Genesi. Immediatamente dopo il suo peccato, l'uomo ha sentito la necessità di un salvatore, per esso ha cominciato a sperare. Lungo i secoli questa speranza diventa una struttura sempre più profonda e ricca di significato. Si svolge soprattutto dentro un popolo particolare, il popolo che Dio si è scelto nell'Antico Testamento. «Dopo i patriarchi, Dio forma Israele quale suo popolo [...] Conclude con lui l'Alleanza del Sinai e gli dà la sua legge perchè lo riconosca e lo serva come l'unico Dio vivo e vero, Padre provvido e giusto giudice, e sia in attesa del Salvatore promesso» (CCC 62). Poi, «attraverso i profeti, Dio forma il suo popolo nella speranza della salvezza, nell'attesa di

---

[9] «Nel linguaggio etico e religioso "virtù" indica sia i beni che le persone rette, giuste, perseguono; sia le prerogative di cui sono dotate, le qualità in forza delle quali compiono il bene» D. MONGILLO, «Virtù teologali», p. 1450.

un'Alleanza nuova ed eterna destinata a tutti gli uomini e che sarà inscritta nei cuori. I profeti annunziano una radicale redenzione del popolo di Dio, la purificazione di tutte le sue infedeltà, una salvezza che includerà tutte le nazioni» (CCC 64)[10].

Gesù Cristo compie le speranze del popolo dell'antica Alleanza. Però va oltre. In realtà Egli supera la storia di Israele in quanto vi apporta delle novità circa le sue aspettative ed in quanto viene al mondo non solo per Israele, ma per tutti i popoli della terra. Cristo si rivela a tutti gli uomini come il Messia Liberatore: al popolo di Israele come il compimento delle profezie, mentre ai popoli pagani si rivela nella gratuità e nella imprevedibilità della sua misericordia, come compimento superiore ed insperato della legge scritta nei loro cuori.

Nel Nuovo Testamento i concetti di fede e speranza sono in certo senso intercambiabili. La Lettera agli Ebrei chiama il Credo cristiano «professione di speranza» (Eb 10,23); la Lettera a Tito designa la fede che abbiamo ricevuto come «beata speranza» (Tt 2,13). La Lettera agli Efesini premette all'affermazione programmatica «un solo Signore, una sola fede un solo battesimo, un solo Dio e Padre di tutti» che noi siamo stati «chiamati a una sola speranza» (Ef 4,4-6). Anche presso i Padri Apostolici: nella Prima Lettera di Clemente (così come in Ignazio di Antiochia e nella Lettera di Barnaba) si riscontra speranza per fede. I cristiani sono «coloro che sperano nel Signore».

La speranza cristiana riprende e porta a pienezza la speranza del popolo eletto, la quale trae la propria origine ed il proprio modello nella speranza di Abramo che ebbe fede «sperando contro ogni speranza e così divenne padre di molti popoli» (Rm

---

[10] «La speranza si apre al possibile: quel possibile che è definito dal potere del suo autore: il Dio che ha fatto il cielo e la terra.[...] Al futuro di Dio l'uomo si apre con la speranza. Due atteggiamenti possono impedire tale apertura: a) il rifugiarsi nostalgicamente nel passato, togliendo senso al futuro; b) il negare la novità del futuro [...] pegno della speranza è la promessa di Dio. [...] Quel futuro che non è una mera evoluzione di promesse già situate e conosciute, è un futuro imprevedibile e sperato, da desiderare e sognare, anche se svegli» L. ALONSO SCHÖKEL - J.L. SICRE DÍAZ, *I Profeti*, Roma 1996, pp. 299-300.

4,18). La speranza cristiana si basa su Gesù Cristo, sui suoi meriti e sulla sua passione; essa non poggia sulle nostre forze umane, ma sull'aiuto della grazia.

Il pensiero cristiano ha, invero, sviluppato il concetto di «situazione creaturale», che implica una sostanziale «dipendenza da...»[11]. L'ontologia creaturale individua il Verbo divino come il fondamento dell'essenza della creatura e anche come suo fine. Nell'ontologia della creatura la dimensione sia dell'uomo, sia dell'intero creato si trova legata a Cristo, suo destino. «Se Cristo non è risuscitato, allora è vana la nostra predicazione ed è vana anche la vostra fede. Ora, invece, Cristo è risuscitato dai morti, primizia di coloro che sono morti» (1Cor 15,14 e 20). In questa speranza della risurrezione dei morti lo stesso Paolo può dire poco più avanti: "l'ultimo nemico ad essere annientato sarà la morte» (1Cor 15,26) e può esclamare: «dov'è o morte la tua vittoria?» (1Cor 15,55).

Il fondamento in Cristo, che consente la stessa speranza come risurrezione dai morti, non comporta un annullamento della morte, ma una nuova visione della morte stessa[12]; l'uomo non perde la sua caratteristica di mortale. La vittoria non viene conseguita nell'annullamento della morte, ma piuttosto nella morte stessa. La morte si apre alla possibilità della speranza proprio nel fondamento cristologico, nel quale appare l'esemplare di ciascun uomo e la possibilità della speranza per ogni creatura.

Secondo la *Gaudium et spes* la speranza escatologica non deve «diminuire l'importanza degli impegni terreni, ma anzi dà nuovi motivi a sostegno dell'attuazione di essi. Al contrario, invece, se manca il fondamento divino e la speranza della vita eterna, la dignità umana viene lesa in maniera assai grave, come si constata spesso al giorno d'oggi, e gli enigmi della vita e della

---

[11] Heidegger ha svolto molte ricerche sulla finitudine, quale struttura ontologica dell'uomo, costitutiva della sua esistenza, che perciò è detto propriamente mortale ed in quanto tale si mostra nella sua relatività, relazionalità, apertura.

[12] «Il senso cristiano della morte si manifesta alla luce del *Mistero pasquale* della Morte e della Risurrezione di Cristo, nel quale riposa la nostra unica speranza» (CCC 1681).

morte, della colpa e del dolore rimangono senza soluzione, tanto che non di rado gli uomini sprofondano nella disperazione» (GS 21). Ecco perché il Concilio ha cercato di rivolgere l'attenzione di tutti a Cristo risorto, il «nuovo Adamo» (GS 22), «l'uomo perfetto» (GS 45), che è il fine della storia umana, il punto focale dei desideri della storia e della civiltà, il centro del genere umano, la gioia di ogni cuore, la pienezza delle loro aspirazioni. Anche se ignoriamo quando avranno fine il tempo e l'umanità e non sappiamo come sarà trasformato l'universo, «l'attesa di una terra nuova non deve indebolire, bensì piuttosto stimolare la sollecitudine del lavoro relativo alla terra presente» (GS 45). Quindi un'attesa viva, che fa avvicinare il giorno di Cristo. «Legittimamente si può pensare che il futuro dell'umanità sia riposto nelle mani di coloro che sono capaci di trasmettere alle generazioni di domani ragioni di vita e di speranza» (GS 31).

3 - L'invito di Giovanni Paolo II: In un mondo pieno di timori... «Non abbiate paura!»

Cristo e l'uomo sono «i due versanti sui quali si declina tutto il progetto magisteriale di Giovanni Paolo II»[13]. Gesù Cristo è stato sempre al centro del pensiero di questo Papa: Cristo, il Figlio di Dio fatto uomo, uomo perfetto, uomo nuovo, uomo vero.

La cristologia di Giovanni Paolo II si intreccia in modo armonioso e mirabile con la sua antropologia. Il suo amore a Cristo lo porta all'amore per l'uomo e viceversa, tanto che sin dalla sua prima Enciclica ha voluto esprimere come vede e sente «il mistero della Redenzione in cui il problema dell'uomo è inscritto con una speciale forza di verità e di amore» (RH 18); in ciò egli ha visto il nucleo centrale del suo nuovo servizio ecclesiale.

---

[13] A. SODANO, «Un dono di Dio alla sua Chiesa», in *Osservatore Romano*, 16 ottobre 1998.

In *Varcare la soglia della speranza*[14] il Pontefice confessa che l'uomo lo ha sempre appassionato: «l'interesse per l'uomo come persona era presente in me da lunga data»[15]. Come vero contemplativo, da sempre si è lasciato rapire dalla affascinante e tremenda realtà dell'uomo. Però solo alla luce di Cristo, dice il Papa, l'uomo può conoscere e realizzare se stesso. Per questo la cristologia viene prima dell'antropologia, di cui ne è base e sorgente; Giovanni Paolo II, nel sottolineare che occorre partire dalla parola di Dio[16] e non tanto dalla esperienza dell'uomo, si chiede: «non è la cristologia il fondamento e la prima condizione per l'elaborazione di un'antropologia più completa, secondo le esigenze dei nostri tempi?»[17].

L'uomo contemporaneo si sente più minacciato che mai e ogni giorno meno protetto. Vive in un mondo segnato dal male e afflitto da numerose prove, certamente posto sotto la schiavitù del peccato (GS 2), è «un mondo che riempie molti di timore e spavento»[18]. «Quanto timore pesa sugli uomini del nostro tempo! È un'inquietitudine molteplice, caratterizzata appunto dalla paura dell'avvenire, di una possibile autodistruzione del-

---

[14] «*Varcare la soglia della speranza,* il libro-intervista di Giovanni Paolo II, è certamente un evento editoriale, ma è anche un segno dei tempi [...] Il volume riprende e ripropone la dottrina della Chiesa, soprattutto del Vaticano II, esposta diffusamente dal Papa nelle sue varie encicliche. Ma la maniera di esporre è del tutto nuova: non più i toni alti del Magistero, ma una forma colloquiale, di domanda e risposta, in stile semplice e immediato» F. CASTELLI, «"Varcare la soglia della speranza" di Giovanni Paolo II», *CivCatt* (1995) II, p. 54.

[15] GIOVANNI PAOLO II, *Varcare la soglia della speranza*, Milano 1994, p. 217.

[16] «La ricerca umile e coraggiosa del credente, lungi dal partire dal nulla, da semplici illusioni, da opinioni fallibili, da incertezze, si fonda sulla parola di Dio, il quale nè si inganna nè inganna, e si edifica di continuo sulla roccia incrollabile di tale Parola» (CT 60).

[17] GIOVANNI PAOLO II, *La filosofia di san Tommaso in spirito di apertura e universalismo,* Al pontificio Ateneo «Angelicum», Roma 17 novembre 1979, in IP, II, 2 (1979) p. 1187.

[18] GIOVANNI PAOLO II, *Uomo ... ricordati che la speranza è in Dio,* Omelia durante la messa, Lucerna (Svizzera), 16 giugno 1984, in IP, VII, 1 (1984) p. 1840.

l'umanità, e poi anche, più in generale, da un certo tipo di civiltà materialistica, che pone il primato delle cose sulle persone, e ancora dalla paura di restare vittime di soprusi ed oppressioni che privino l'uomo della sua libertà interiore ed esteriore»[19].

Per un Papa che viene da un paese comunista, che ha vissuto l'esperienza del «grande e orrendo teatro della seconda guerra mondiale»[20] sotto l'occupazione nazista, non è estranea l'esperienza del male e della paura. Un Papa che ha vissuto di fronte all'invasione del male e alle atrocità della guerra sa perfettamente cosa significa soffrire ed aver paura. Egli si interroga sul dolore, specialmente sul dolore innocente e non chiude gli occhi sulla situazione sociale ed economica presente nel mondo contemporaneo, in cui agli «indici economici e sociali del sottosviluppo si aggiungono altri indici egualmente negativi, anzi ancor più preoccupanti a cominciare dal piano culturale» (SRS 15), in ciò includendo analfabetismo, povertà, crisi degli alloggi, disoccupazione, sistemi ideologici, blocchi contrapposti, commercio delle armi, terrorismo, problema demografico ed ecologico.

Perciò le sue prime parole al mondo durante la concelebrazione solenne per l'inizio del pontificato furono precisamente «Non abbiate paura!»[21].

Le stesse parole le ripete con insistenza in tante altre occasioni. In queste parole Giovanni Paolo II riconosce un'origine divina ed una forza superiore a lui: «Quando il 22 ottobre pronunciai in piazza San Pietro le parole "Non abbiate paura!", non potevo rendermi del tutto conto di quanto lontano avrebbero portato me e la Chiesa intera. Il loro contenuto proveniva più dallo Spirito Santo, promesso dal Signore Gesù agli apostoli come Consolatore, che dall'uomo che le pronunciava.

---

[19] GIOVANNI PAOLO II, *Nella comunità parrocchiale il Signore si fa luce e salvezza*, Omelia durante la messa, parrocchia di Santa Galla (Roma), 25 gennaio 1981, in IP, IV, 1 (1981) p. 171.

[20] GIOVANNI PAOLO II, *Dono e Mistero. Nel 50° del mio Sacerdozio*, Città del Vaticano, 1996, p. 45.

[21] GIOVANNI PAOLO II, *Spalancate le porte a Cristo!*, Per l'inizio del pontificato, Città del Vaticano, 22 ottobre 1978, in IP, I (1978) p. 38.

Tuttavia, con lo scorrere degli anni, le ho ricordate in varie circostanze»[22].

Questo accorato appello lo ha ribadito il 16 ottobre 2003, nel celebrare il venticinquesimo anno della sua elezione alla Cattedra di Pietro: «Sin dal primo giorno non ho mai cessato di esortare: non abbiate paura di accogliere Cristo e di accettare la sua potestà! Ripeto oggi con forza: Aprite, anzi, spalancate le porte a Cristo! Lasciatevi guidare da Lui! Fidatevi del suo amore!»[23].

4. Gesù Cristo, una «speranza concreta» per l'uomo contemporaneo

L'imperativo del Papa a non aver paura viene accompagnato dall'invito alla speranza. La necessità di sperare viene dalla natura stessa dell'uomo, che non può vivere senza speranza. Tuttavia, molte volte l'uomo crede di poter costruire la speranza su certezze scientifiche[24], sul materialismo dialettico o pratico[25], sul denaro e sul favore dei potenti o sul sostegno di amici e conoscenti[26]. Però, alla fine, queste speranze si rivelano fallaci ed inconsistenti.

Secondo Giovanni Paolo II, l'uomo odierno ha necessità di una speranza vera e realistica, di una «speranza concreta»[27]. Questa speranza vera, concreta e realistica non è altro che la stes-

---

[22] GIOVANNI PAOLO II, *Varcare la soglia*, p. 241.

[23] GIOVANNI PAOLO II, *XXV Anniversario di Pontificato*, Omelia, Città del Vaticano 16 ottobre 2003, in *Osservatore Romano*, 18 ottobre 2003, p. 9.

[24] GIOVANNI PAOLO II, *Il pellegrinaggio è immagine della vita umana,* Ai partecipanti al primo Congresso mondiale della Pastorale dei santuari e pellegrinaggi, Roma, 28 febbraio 1992, in IP, XV, 1 (1992) p. 489.

[25] GIOVANNI PAOLO II *Tutti coinvolti nella ricostruzione spirituale dell'Europa,* Messaggio al 90° Katholikentag, Città del Vaticano, 23 maggio 1990, in IP, XIII, 1 (1990) p. 1389.

[26] GIOVANNI PAOLO II, *La carità soprannaturale spezza catene ataviche di odio e di vendetta,* Pellegrinaggio in Sicilia: discorso ai sacerdoti e religiosi nella Cattedrale, Trapani, 8 maggio 1993, in IP, XVI, 1 (1993) p. 1100.

[27] GIOVANNI PAOLO II, *Seminate a piene mani una speranza che si nutre di gesti quotidiani,* Visita ai bambini nella «Casa del Sole», San Silvestro di Curtatone (Mantova), 23 giugno 1991, in IP, XIV, 1 (1991) p. 1757.

sa persona di Gesù Cristo. «Contro tutte le forze della morte, Gesù Cristo continua a rappresentare l'unica speranza di vita»[28].

Perciò, di fronte ad essa, ogni cristiano è chiamato a rispondere alla domanda: «E voi chi dite che io sia?» (Mc 8,27)[29] ed il Papa confessa: «il desiderio di aiutare ogni uomo a scoprire Gesù [...] mi spinge ad assolvere il compito impegnativo e appassionante di presentare la figura di Gesù ai figli della Chiesa e ad ogni uomo di buona volontà»[30]. È questa, per lui, una necessità pressante dal momento che nella ricerca incerta e trepidante di molti nostri contemporanei è sempre presente uno stimolo a scoprire chi è veramente Gesù.

Gesù stesso, dice il Papa, esige da parte di ciascun uomo una «presa di posizione personale»[31] in relazione alla sua persona. Ciò che Gesù chiede è una presa di posizione seria e compromettente. Non si tratta, dunque, di una semplice simpatia per la persona di Cristo o di un semplice interesse culturale. Il Papa è cosciente dei rischi e dei pericoli della ricerca della conoscenza

---

[28] GIOVANNI PAOLO II, *Contro tutte le forze della morte, Gesù Cristo continua a rappresentare l'unica speranza di vita*, Veglia di preghiera con i giovani, Denver (Colorado), 14 agosto 1993, in IP, XVI, 2 (1993) p. 480.

[29] «E voi chi dite che io sia? (Mc 8,27). L'interrogativo posto da Cristo ai suoi discepoli continua, da 20 secoli, a inquietare quanti riflettono sulle domande ultime. In realtà, il destino dell'uomo si gioca sull'atteggiamento che ognuno assume davanti a Cristo. Così pensano i cristiani. Chi cristiano non è, resta perplesso e s'interroga su questo straordinario personaggio che ha modificato la storia e ha dato all'umanità una nuova dimensione. L'interrogativo su Cristo si è fatto più insistente negli ultimi decenni, sia per la paura ed il disinganno che ci incalzano, sia per il bisogno, sempre più avvertito, di ancoraggi religiosi, sia, ultimamente, per il crollo delle ideologie. Tale insistenza è testimoniata in modo particolare dalla vasta letteratura che ha Cristo come protagonista. Si può affermare che non c'è narratore, o poeta, o drammaturgo che non si sia incontrato (o scontrato) con Cristo» F. CASTELLI, «L'uomo d'oggi di fronte a Cristo», *CivCatt* (1995) III, p. 485.

[30] GIOVANNI PAOLO II, *L'identità di Gesù vero Dio e vero uomo*, Udienza generale, Città del Vaticano, 7 gennaio 1987, in IP, X, 1 (1987) pp. 43-44.

[31] GIOVANNI PAOLO II, *In Gesù Cristo è riposta la piena e definitiva risposta ad ogni aspirazione dell'essere umano*, Omelia durante la messa per la comunità di Castel Gandolfo (Roma), 15 settembre 1991, in IP, XIV, 2 (1991) p. 524.

di Cristo[32], ma nell'annunciare al mondo la verità su Gesù Cristo, Giovanni Paolo II trae spunto da molte luci, specialmente da quelle che il magistero della Chiesa, sotto la guida dello Spirito Santo, ha acceso nelle definizioni dogmatiche dei diversi Concilii. Ne sottolinea la «forza permanente»[33], anche se non fa sempre allusioni esplicite a queste definizioni conciliari, e su queste basa la sua cristologia, soprattutto su quella di Calcedonia che riconosce Cristo come un'unica persona in due nature.

«Il nucleo della fede cristiana è costituito dalla duplice verità che Gesù Cristo è Figlio di Dio e Figlio dell'uomo (la verità cristologica) ed è la realizzazione della salvezza dell'uomo, che Dio Padre ha compiuto in Lui, Figlio suo e Salvatore del mondo (la verità soteriologica)»[34]. Il Papa ribadisce che in questa affer-

---

[32] «Intorno a Cristo vediamo spesso ondeggiare, anche tra i cristiani, le ombre dell'ignoranza, o quelle ancora più penose del fraintendimento quando non addirittura dell'infedeltà. È sempre presente il rischio di appellarsi al "Vangelo di Gesù", senza veramente conoscerne la grandezza e la radicalità e senza vivere ciò che a parole si afferma. Quanti sono coloro che riducono il Vangelo a loro misura e si fanno un Gesù più comodo, negandone la trascendente divinità, o vanificandone la reale, storica umanità, oppure manipolando l'integrità del suoi messaggi, in particolare non tenendo conto del sacrificio della croce che domina la sua vita e la sua dottrina, nè della Chiesa che egli ha istituito come suo "sacramento" nella storia». Queste ombre spingono Giovanni Paolo II alla ricerca della verità piena su Gesù: «anche queste ombre ci stimolano alla ricerca della verità piena su Gesù, traendo vantaggio dalle molte luci che, come una volta con Pietro, il Padre ha acceso lungo i secoli intorno a Gesù nel cuore di tanti uomini con la potenza dello Spirito Santo: le luci dei testimoni fedeli fino al martirio; le luci di tanti studiosi appassionati, impegnati a scandagliare il mistero di Gesù con lo strumento dell'intelligenza sostenuta dalla fede; le luci che soprattutto il magistero della Chiesa, guidato dal carisma dello Spirito Santo, ha acceso nelle definizioni dogmatiche su Gesù Cristo» GIOVANNI PAOLO II, *L'identità di Gesù vero Dio e vero uomo*, Udienza generale, Città del Vaticano, 7 gennaio 1987, in IP, X, 1 (1987) p. 43.

[33] GIOVANNI PAOLO II, *La ricerca aiuti ad approfondire la conoscenza del mistero di Cristo*, Alla Commissione Teologica Internazionale, Città del Vaticano, 26 ottobre 1979, in IP, II, 2 (1979) p. 968.

[34] GIOVANNI PAOLO II, *Gesù, Figlio di Dio e Salvatore dell'uomo*, Udienza generale, Città del Vaticano, 14 gennaio 1987, in IP, X, 1 (1987) p. 105.

mazione non v'è dicotomia tra «Figlio di Dio» e «Figlio dell'uomo», sono due titoli che appartengono all'unica e stessa persona di Gesù; non v'è dicotomia tra la divinità e l'umanità di Cristo[35]. Il momento preciso dell'unione tra l'umano e il divino in Gesù è quello dell'annunciazione dell'angelo a Maria, quando nel suo «sì» «il Verbo si fece carne» (Gv 1,14); questo è il momento del concepimento misterioso e meraviglioso del Dio uomo nel seno della Vergine di Nazareth; questo è il momento in cui l'Invisibile si fa visibile. Questo «il primo e fondamentale mistero di Gesù Cristo»[36], «la meraviglia delle meraviglie»[37], «il miracolo dei miracoli»[38].

5 - Gesù Cristo si è unito a tutti gli uomini

Giovanni Paolo II vede nel mistero dell'incarnazione un cambio radicale nella storia dell'umanità, un nuovo inizio. Con l'incarnazione del Figlio di Dio la storia dell'umanità è tornata ad essere «storia di salvezza», una storia permeata di amore.

---

[35] «Gesù è il Verbo di Dio incarnato; in lui v'è una sola Persona - quella eterna del Verbo - sussistente in due nature, la divina e l'umana. Gesù è uno, nella realtà indivisibile del suo essere, ed è, nel contempo, perfetto nella sua divinità, perfetto nella nostra umanità; è uguale al Padre, per quanto concerne la natura divina, uguale a noi, per quanto riguarda la natura umana; vero Figlio di Dio e vero Figlio dell'uomo [...] In Gesù, Dio ama umanamente, soffre umanamente, gioisce umanamente. E viceversa: in Gesù, l'amore umano, la sofferenza umana, la gloria umana acquistano intensità e potenza divine» GIOVANNI PAOLO II, *Il cuore di Gesù fin dall'Incarnazione è stato e sarà sempre unito alla Persona del Verbo di Dio,* Recita dell'Angelus, Città del Vaticano, 9 luglio 1989, in IP, XII, 2 (1989) p. 60.

[36] GIOVANNI PAOLO II, *Fedeltà alla parola di riconciliazione nell'affrontare i problemi umani,* Recita dell'Angelus, Città del Vaticano, 6 settembre 1981, in IP, IV, 2 (1981) p. 131.

[37] GIOVANNI PAOLO II, *Una nuova cultura della comunità per rendere il mondo più abitabile e degno dell'uomo,* Celebrazione mariana, Wilten (Austria), 27 giugno 1988, in IP, XI, 2 (1988) p. 2238.

[38] GIOVANNI PAOLO II, *I segni che rivelano «la potenza dall'alto»,* Udienza generale, Città del Vaticano, 13 gennaio 1988, in IP, XI, 1 (1988) p. 91.

L'incarnazione è un mistero di amore e, allo stesso tempo, un mistero grande e insondabile. L'uomo con la sola ragione non riuscirà mai a comprendere questo *ineffabile mysterium*. Tutta la scienza umana deve capitolare di fronte alla sapienza divina espressa nell'incarnazione. È un mistero che invita l'umanità all'adorazione.

Facendosi uomo, afferma il Concilio Vaticano II, Cristo «si è unito in un certo modo a ogni uomo» (GS 22). Il Papa ripete molte volte questa affermazione, approfondendola: Gesù nacque «per poter nascere in ciascuno e per poter prendere forma umana in ognuno di noi»[39]; è venuto «per abbracciare tutti gli uomini con la sua vita, morte e risurrezione»[40]. Gesù Cristo «vero uomo, era Figlio di Dio, della stessa sostanza del Padre [...] la sussistenza in Cristo della persona divina del Figlio supera e abbraccia tutte le persone umane»[41]. L'unione di Gesù con l'umanità è «l'espressione fondamentale della sua solidarietà con ogni uomo [...] colui che ama desidera condividere tutto con l'amato»[42]. «Il Figlio di Dio ha voluto restaurare quel "noi" che legava Dio all'uomo e che era stato rotto dal peccato. È venuto al mondo per creare un nuovo "noi" tra lui stesso e l'uomo»[43].

Riflettendo sull'uomo, Giovanni Paolo II parte sempre dalla esperienza di vita quotidiana, l'esperienza dell'uomo nel mondo, «dell'uomo in tutta la sua verità, nella sua piena dimen-

---

[39] GIOVANNI PAOLO II, *In Cristo Dio continua a vivere tra di noi,* A studenti svizzeri, Città del Vaticano, 30 dicembre 1985, in IP, VIII, 2 (1985) p. 1644.

[40] GIOVANNI PAOLO II, *Celebriamo l'Avvento come l'ingresso di Cristo nella nostra vita,* Ai bambini della Parrocchia di San Ugo Vescovo, Roma, 13 dicembre 1992, in IP, XV, 2 (1992) p. 898.

[41] GIOVANNI PAOLO II, *Valore sostitutivo e rappresentativo del sacrificio di Gesù vittima di espiazione «per i peccati» di tutto il mondo,* Udienza generale, Città del Vaticano, 26 ottobre 1988, in IP, XI, 3 (1988) p. 1332.

[42] GIOVANNI PAOLO II, *Gesù, uomo solidale con tutti gli uomini,* Udienza generale, Città del Vaticano, 10 febbraio 1988, in IP, XI, 1 (1988) p. 397.

[43] GIOVANNI PAOLO II, *Il Battista ci insegna che la via privilegiata per un rinnovato annuncio è la testimonianza umile e forte da rendere a Cristo,* Alla parrocchia S. Bernadetta Soubirous, Roma, 16 dicembre 1990, in IP, XIII, 2 (1990) p. 1680.

sione. Non si tratta dell'uomo astratto, ma reale, dell'uomo concreto, storico. Si tratta di ciascun uomo, perché ognuno è stato compreso nel mistero della Redenzione, e con ognuno Cristo si è unito, per sempre, attraverso questo mistero» (RH 13). Per Giovanni Paolo II l'esperienza umana[44] è «il luogo privilegiato dell'incontro tra Dio e l'uomo. È nell'esperienza della necessità di essere salvato che l'uomo si rende più disponibile ad affidarsi a Dio»[45].

Nella sua incarnazione il Figlio di Dio si è unito non solo all'uomo, ma, in un certo senso, a tutta la creazione, anch'essa sottomessa alle conseguenze del peccato. È quella che il Papa chiama «la dimensione cosmica»[46] della incarnazione. Come nell'incarnazione del Figlio, Dio abbraccia tutti gli uomini, così anche «abbraccia tutta la creazione con la sua potenza creatrice che è allo stesso tempo potenza di amore»[47]. Illuminante al riguardo è l'espressione con cui il Papa iniziò la sua prima enciclica: «Il Redentore dell'uomo, Gesù Cristo, è centro del cosmo e della storia» (RH 1).

Tutto ciò si compie per opera dello Spirito Santo (DeV 51). Come lo Spirito realizzò il mistero dell'incarnazione nel seno di Maria, così, nel momento stesso dell'incarnazione, realizzò l'unione del Figlio con ogni uomo e con ogni creatura.

Nella sua incarnazione il Figlio di Dio porta a compimento la creazione elevando l'uomo alla dignità di figlio di Dio.

---

[44] È nota la relazione del Pontefice con la fenomenologia; già la sua prima enciclica *Redemptor hominis* è sufficiente per comprendere il suo metodo fenomenologico. «La *Redemptor hominis* adotta il metodo fenomenologico partendo dai "segni dei tempi" nei quali si esprimono le istanze più recondite che scaturiscono dalla intimità insondabile dell'uomo» R. FRATTALLONE, «La persona umana nel suo cammino di libertà. Una rilettura della "Redemptor hominis"», *Sal* 44 (1982) p. 195.

[45] A. STRUMIA, «Redemptor hominis: a dieci anni dall'enciclica», *SaDoct* 34 (1989) p. 619.

[46] GIOVANNI PAOLO II, *Nel mistero della redenzione del corpo la speranza della vittoria sul peccato*, Udienza generale, Città del Vaticano, 21 luglio 1982, in IP, V, 3 (1982) p 93.

[47] GIOVANNI PAOLO II, *Lettera apostolica ai religiosi in occasione dell'anno mariano*, Città del Vaticano, 22 maggio 1988, in IP, XI, 2 (1988) p. 1609.

L'abbassamento di Dio, dice il Papa, porta all'elevazione dell'uomo, alla «divinizzazione»[48] dell'uomo.

Il fatto che Gesù Cristo sia Dio non significa che egli sia meno uomo, ma anzi proprio perchè è Dio egli è più uomo. Gesù Cristo è vero uomo, uomo perfetto, «la pienezza dell'essere umano»[49]. Il fatto che Gesù sia senza peccato, osserva il Papa, non lo separa nè lo allontana dagli uomini, anzi, al contrario, «lo avvicina agli uomini, ad ogni uomo»[50]. Poichè il peccato rende schiavo l'uomo, Gesù Cristo, che non ha peccato, è l'uomo perfettamente libero. Il peccato, infatti, costituisce l'ostacolo principale alla libertà dell'uomo e lo rende schiavo.

Gesù Cristo ha sempre teso a fare la volontà del Padre e l'ha realizzata pienamente; perciò è l'uomo perfettamente libero e l'immagine perfetta di Dio. Perciò Egli può rivelare l'uomo all'uomo. Lo fa «rivelando il mistero del Padre e del suo amore» (GS 22). Gesù Cristo è l'icona vivente del mistero trinitario e, nello stesso tempo, l'icona vivente dell'uomo. Rivelando il vero volto di Dio, Gesù svela il vero volto dell'uomo, la sua vera dignità, la sua altissima vocazione. In Cristo, uomo perfetto, l'uomo si incontra con se stesso.

Esiste perciò una relazione ontologica tra l'uomo, creato ad immagine di Dio, e Cristo, immagine perfetta di Dio. L'uomo è stato «creato in Cristo e per Cristo»[51]. Prima o poi l'uomo scoprirà in sè la presenza trascendente di Cristo. Perciò «l'uomo che vuol comprendere se stesso fino in fondo – non soltanto secondo immediati, parziali, spesso superficiali, e perfino appa-

---

[48] GIOVANNI PAOLO II, *Cristo accompagna l'uomo nella maturazione all'umanità,* Omelia della messa ai giovani, Monaco (Germania), 19 novembre 1980, in IP, III, 2 (1980) p. 1349.

[49] GIOVANNI PAOLO II, *Antropocentrismo e teocentrismo congiunti in Cristo, fondamenti del servizio pastorale della Chiesa,* A un gruppo di Vescovi degli Stati Uniti in visita «ad limina» Castel Gandolfo (Roma), 2 settembre 1988, in IP, Xi, 3 (1988) p. 507.

[50] GIOVANNI PAOLO II *Gesù, uomo solidale con tutti gli uomini,* Udienza generale, Città del Vaticano, 10 febbraio 1988, in IP, XI, 1 (1988) p. 394.

[51] GIOVANNI PAOLO II, *Il legame esistente tra la Redenzione e l'uomo,* Udienza generale, Città del Vaticano, 23 novembre 1983, in IP, VI, 2 (1983) p. 1156.

renti criteri e misure del proprio essere – deve, con la sua inquietudine e incertezza e anche con la sua debolezza e peccaminosità, con la sua vita e morte, avvicinarsi a Cristo. Egli deve, per così dire, entrare in Lui con tutto se stesso, deve appropriarsi ed assimilare tutta la realtà dell'Incarnazione e della Redenzione per ritrovare se stesso.» (RH 10). Entrare in lui con tutto il proprio essere ed appropriarsene. Si tratta, più radicalmente, di «aderire alla persona stessa di Gesù, di condividere la sua vita e il suo destino, di partecipare alla sua obbedienza libera e amorosa alla volontà del Padre» (VS 19).

Questo configurarsi a Cristo e sommergersi nel suo mistero, soprattutto nel mistero della redenzione, porta alla creazione dell'«uomo nuovo» (2 Cor 5,18; Col 3,9-10); cioè, porta ad una vera ed integrale liberazione, basata sulla dignità di figli di Dio, grazie all'opera redentrice di Cristo. Perciò, l'uomo che accoglie la redenzione e si riveste di Cristo, l'uomo che si forma sul modello di Cristo è l'uomo libero, l'uomo nuovo, l'uomo perfetto. Così, per Giovanni Paolo II, come per il Concilio, «l'umanesimo autentico» è quello che è «strettamente vincolato a Cristo» (RH 10).

Dal momento in cui Dio si è fatto uomo in Cristo, non può esservi divisione tra il cristiano e l'umano, anzi, essi sono tanto intimamente uniti l'uno all'altro, che non si può spiegare l'uno senza l'altro. Non vi è alcun problema umano che sia estraneo al cristianesimo[52]; i valori umani ed i valori cristiani non sono cose diverse, ma «due aspetti della stessa realtà che è l'uomo, l'uomo redento da Cristo e chiamato alla pienezza della vita eterna»[53]. La cristologia è il vertice dell'antropologia, senza cristologia non può esservi vera antropologia. Perciò il Papa pone in guardia contro il pericolo di un umanesimo senza Cristo: «se si vuole promuovere l'uomo, bisogna farlo in maniera integra-

---

[52] GIOVANNI PAOLO II, *Coltivare la verità senza alcuna esclusione,* Visita alla comunità accademica, Lovanio Nuova (Belgio), 21 maggio 1985, in IP, VIII, 1 (1985) p. 1601.

[53] GIOVANNI PAOLO II, *Nel ricordo della Dichiarazione d'Indipendenza,* Omelia al «Logan Circle», Filadelfia (USA), 3 ottobre 1979, in IP, II, 2 (1979) p. 581.

le, senza mai perdere di vista la pienezza della sua dignità e l'intera sua verità storica. Occorre non perdere mai di vista Cristo»[54].

Il rischio per coloro che rifiutano un Dio, il cui volto è loro mal rappresentato, o che sono accecati dalle filosofie del sospetto, che presentano la religione come illusione o alienazione, è di chiudersi in atteggiamenti di rivolta, di contentarsi di sospiri, di impotenza o di rassegnazione; «un mondo senza Dio si costruisce, presto o tardi, contro l'uomo»[55].

6 - Gesù Cristo, unico Salvatore dell'uomo, speranza universale

Nell'incarnazione Gesù Cristo penetra fino in fondo nella natura decaduta dell'uomo, penetra fino alla radice del male, risanandola. Così «l'incarnazione è strettamente collegata alla Redenzione»[56]. Per il Papa, «salvare vuol dire: liberare dal male. Gesù Cristo è il salvatore del mondo, poichè è venuto per liberare l'uomo da quel male fondamentale, che ha invaso l'intimo dell'uomo lungo tutto il corso della sua storia, dopo la prima rottura dell'alleanza con il Creatore. Il male del peccato è proprio questo male fondamentale che allontana dall'umanità la realizzazione del regno di Dio»[57]. Dal momento in cui l'uomo si scopre peccatore, si fa bisognoso di salvezza, ha necessità di

---

[54] GIOVANNI PAOLO II, *Annunciare il Vangelo al mondo del lavoro*, Celebrazione per il 90° anniversario dell'enciclica «Rerum Novarum», Città del Vaticano, 15 maggio 1981, in IP, IV, 1 (1981) p. 1193.

[55] GIOVANNI PAOLO II, *Levate gli occhi verso Gesù Cristo*, Messaggio ai giovani, Parc des Princes, Parigi (Francia), 1 giugno 1980, in IP, III, 1 (1980) p. 1628.

[56] GIOVANNI PAOLO II, *L'Annunciazione del Signore, mistero fondamentale dell'Incarnazione*, Udienza generale, Città del Vaticano, 25 marzo 1981, in IP, IV, 1 (1981) p. 766.

[57] GIOVANNI PAOLO II, *Gesù liberatore: egli libera l'uomo dalla schiavitù del peccato*, Udienza generale, Città del Vaticano, 27 luglio 1988, in IP, XI, 3 (1988) p. 184.

essere redento. Però l'uomo non può salvarsi da se stesso, non si salva da solo, non ha la forza della salvezza in se stesso, deve ricevere questa forza da Dio. Solo Dio può salvare l'uomo: «la salvezza non può venire all'uomo se non da Dio. Ed è venuta!»[58]. È venuta in Gesù Cristo! Dio salva l'uomo per mezzo di Gesù Cristo. Dall'eternità Dio ha ideato per l'uomo un progetto di salvezza che deve realizzarsi nel tempo per mezzo di suo Figlio. Questo, dice il Papa, è il cuore della Buona Novella! Gesù Cristo è il Redentore dell'uomo. *Redemptor hominis*!

Gesù ha salvato l'uomo in due modi: liberandolo dal male e innalzandolo alla vera libertà. Sono due elementi che si completano mutuamente e che sono impliciti nel medesimo concetto di liberazione. La liberazione portata da Cristo non è una libertà fisica e materiale, una libertà in senso politico, come pensavano e speravano i suoi contemporanei; si tratta di una libertà spirituale ed interiore, una «libertà nello Spirito» (2 Cor 3,17; Rm 8,15).

Gesù Cristo non è un semplice salvatore dell'uomo, ma il suo unico Salvatore. Innanzitutto perchè solo Lui può rivelare il mistero di Dio ed indicare all'uomo il cammino verso Dio; inoltre, perchè solo Lui, essendo Dio e uomo, ha potuto prendere sopra di sè i peccati di tutti gli uomini e morire al loro posto. In questa sostituzione vicaria, l'unione di Cristo con ogni uomo incontra la sua pienezza. Gesù Cristo è l'unico Redentore dell'uomo in quanto è egli stesso la redenzione. La redenzione non è solo un avvenimento, ma una persona che si chiama Gesù.

Dal momento che Cristo è l'unico Salvatore dell'uomo, è anche la sua unica speranza.

Il Papa sottolinea le aspirazioni, supreme e profonde, che ardono nel cuore di ogni essere umano: la sete dell'essere, del bene, della verità e del bello; la necessità di infinito, di perfezione, di comunione, intima e profonda, con il suo Creatore, la nostalgia di Dio. Solo Gesù Cristo soddisfa queste aspirazioni,

---

[58] GIOVANNI PAOLO II, *Il grande stupore dell'uomo di fronte al mistero della grotta di Betlemme,* Omelia durante la Veglia natalizia, Città del Vaticano, 24 dicembre 1988, in IP, XI, 4 (1988) p. 1929.

perciò egli è l'unica speranza, speranza che include il cielo e la terra. Nella sua morte e risurrezione Gesù ha inaugurato la nuova creazione, che però raggiungerà la sua pienezza nella ricapitolazione in Cristo alla fine dei tempi.

La figura di Gesù Cristo continua ad essere una figura sempre nuova ed attuale. Questa verità acquista maggior valore nel nostro tempo, tempo di progresso, perchè l'uomo contemporaneo, nonostante i successi della tecnica, non è riuscito ad essere *più uomo*. Lo diceva il Papa già nella *Redemptor hominis*: «se, dunque, il nostro tempo, il tempo della nostra generazione, il tempo che si sta avvicinando alla fine del secondo millennio della nostra era cristiana, si rivela a noi come tempo di grande progresso, esso appare, altresì, come tempo di multiforme minaccia per l'uomo» (RH 16).

Da qui i tanti timori dell'uomo moderno e la necessità di una speranza vera, concreta e reale. L'insegnamento di Giovanni Paolo II su questo tema è sempre stato molto preciso e non lascia spazio a dubbi o incertezze. Gesù è, per il Pontefice, l'ideale supremo per tutti gli uomini; per questo dice: «Al mondo è indispensabile Cristo! [...] In lui la causa dell'uomo si riempie di speranza!»[59]. Cristo è l'unica speranza dell'uomo. Ecco perchè Giovanni Paolo II non smette mai di invitare l'uomo ad aprire il suo cuore a Cristo.

Questo insegnamento, affermato con tanta incisività e ribadito costantemente durante tutto il suo pontificato, non si è assolutamente affievolito negli ultimi anni. Anzi! Non si può tralasciare la menzione dell'esortazione apostolica *Ecclesia in Europa*, il cui tema centrale è proprio Gesù Cristo «sorgente di speranza per l'Europa» (EE 1). Prendendo spunto dall'antico incoraggiamento dell'apostolo Pietro alla prima comunità cristiana, dispersa nelle regioni dell'Asia Minore ancora in prevalenza pagana «non vi sgomentate, [...] nè vi turbate, ma adorate il Signore, Cristo, nei vostri cuori, pronti sempre a rispondere a

---

[59] GIOVANNI PAOLO II, *Testimoni di verità, messaggeri di speranza*, Omelia alla domenica delle Palme, Città del Vaticano, 31 marzo 1985, in IP, VIII, 1 (1985) p. 888.

chiunque vi domandi ragione della speranza che è in voi» (1 Pt 3,14-15), il Papa ne ribadisce l'attualità nella situazione presente dell'Europa «segnata da gravi incertezze a livello culturale, antropologico, etico e sociale» (EE 3) ed in cui si avverte «l'urgenza forse più grande [...], a Est come a Ovest, di un accresciuto bisogno di speranza» (EE 4).

Questa speranza trova in Cristo la prospettiva positiva, la forza ed il vigore per un futuro ricco di frutti di vita e di sapienza, nella civiltà dell'unità e dell'amore. Il tema della speranza connota tutta l'Esortazione[60]. Il documento è pervaso da uno spirito ed animato da una finalità tesi a suscitare nei credenti atteggiamenti di profonda fiducia circa la testimonianza cristiana nell'Europa contemporanea; nel contempo, questa confessione di speranza è volta ad aiutare persone e popoli dell'Europa e dell'umanità intera a guardare con fiducia al futuro, a scoprire che «Cristo è il futuro dell'uomo» (EE 20). Tutti sono quindi invitati all'incontro personale con Lui, con il suo mistero e con il suo amore. Vi sono, però, delle difficoltà a questo incontro, la principale consiste nella ricorrente tentazione di costruire la città degli uomini a prescindere da Dio o contro di Lui; quando ciò si verificasse, ne conseguirebbe una irrimediabile sconfitta per la stessa convivenza umana. Ed il fenomeno culturale, tipicamente europeo e nordamericano, che va sotto il nome di secolarismo, resta molto diffuso, nonostante sia finita l'era del marxismo ateo.

Nell'Esortazione si dà atto delle difficoltà, ma riemerge sempre la speranza: «la grave situazione d'indifferenza religiosa di tanti europei, la presenza di molti che anche nel nostro continente non conoscono ancora Gesù Cristo e la sua Chiesa e che ancora non sono battezzati, il secolarismo che contagia una

---

[60] Ne costituiscono una valida conferma sia la struttura generale sia l'enunciazione dei singoli capitoli. Il cap. I è, infatti, intitolato «Gesù Cristo è nostra speranza». Gli altri capitoli sono: cap. II «Il Vangelo della speranza affidato alla Chiesa del nuovo millennio»; cap. III «Annunciare il Vangelo della speranza»; cap. IV «Celebrare il Vangelo della speranza»; cap. V «Servire il Vangelo della speranza»; cap. VI «Il Vangelo della speranza per un'Europa nuova».

larga fascia di cristiani che abitualmente pensano, decidono e vivono come se Cristo non esistesse, lungi dallo spegnere la nostra speranza, la rendono più umile e più capace di affidarsi solo a Dio» (EE 26). Al nostro continente viene affidato un preciso compito: «Europa, che sei all'inizio del terzo millennio, ritorna te stessa. Sii te stessa. Riscopri le tue origini. Ravviva le tue radici» (EE 120). L'Europa ha bisogno di un salto qualitativo nella presa di coscienza della sua eredità spirituale, questa eredità non appartiene solo al passato, ma è anche un progetto per l'avvenire, da trasmettere alle generazioni future; perciò il bisogno di una nuova evangelizzazione, di un rinnovato ascolto del Vangelo di Cristo.

Da qui l'appello accorato: «Non temere! Il Vangelo non è contro di te, ma è a tuo favore», «Abbi fiducia! Nel Vangelo, che è Gesù, troverai la speranza solida e duratura a cui aspiri»; «Sii certa! Il Vangelo della speranza non delude!» (EE 120).

7 - Spalancate le porte a Cristo!

Il Pontefice, all'inizio del suo pontificato, il 22 ottobre 1978, diresse all'umanità un invito appassionato: «Non abbiate paura! Aprite, anzi, spalancate le porte a Cristo!»[61].

In quel pomeriggio del 22 ottobre 1978 «il programma del pontificato è stato tracciato. L'uomo, ogni uomo concreto, di qualunque parte del mondo e di qualunque razza, religione o classe sociale, si convertiva in quel momento nel destinatario di quel messaggio, semplice e, allo stesso tempo, sconvolgente. Le stesse parole recuperavano un significato che sembrava avessero perso nel tempo; quelle parole che per molti avevano assunto la veste di una formula rituale, si trasformavano di colpo nella proclamazione di una scoperta»[62].

---

[61] GIOVANNI PAOLO II, *Spalancate le porte a Cristo!* Per l'inizio del pontificato, Città del Vaticano, 22 ottobre 1978, in IP, I (1878) p. 38.

[62] «Intervista a I. Montanelli», in A. MICHELINI, ed., *Giovanni Paolo II. L'uomo, il Papa, il suo messaggio,* I: Habemus Papam, Milano 1992, p. 14.

Giovanni Paolo II ha ripetuto questa esortazione con insistente frequenza durante tutto il suo pontificato. Quest'invito del Papa è così insistente perchè Cristo può essere respinto. «Si può rifiutare Cristo e tutto ciò che Egli ha portato nella storia dell'uomo? Certamente si può. L'uomo è libero. L'uomo può dire a Dio: no. L'uomo può dire a Cristo: no. Ma rimane la domanda fondamentale: È lecito farlo? e in nome di che cosa è lecito?» (RM 7). L'uomo può respingere Cristo, però, così facendo, respinge se stesso. La non accoglienza di Cristo e, pertanto, dell'uomo, si manifestò nella croce: «La croce è diventata il segno del rifiuto dell'uomo in Cristo. In modo singolare camminano di pari passo il rifiuto di Dio e dell'uomo»[63].

Il Papa invita quindi ad aprire le porte a Cristo. Egli si riferisce alle porte di ogni ambiente e di ogni realtà umana. «Aprite, o uomini, le porte al Redentore! Apritegli le porte delle famiglie e di ogni ambiente umano, le porte delle società, delle nazioni e dei popoli! Apritegli le porte di questa nostra difficile età contemporanea, di questa civiltà dai crescenti contrasti»[64]. «Alla sua salvatrice potestà aprite i confini degli Stati, i sistemi economici come quelli politici, i vasti campi di cultura, di civiltà, di sviluppo. Non abbiate paura!»[65].

Debbono, però, essere aperte a Cristo soprattutto le porte del cuore e dell'intelligenza umana. «Aprite le porte a Cristo ed alla sua potenza salvifica, spalancate le porte del vostro cuore e della vostra intelligenza al messaggio di Cristo, che è annuncio di salvezza, di liberazione e di vera promozione umana»[66].

---

[63] GIOVANNI PAOLO II, *La croce segno della dignità dell'uomo,* Discorso al termine della «Via Crucis» nel Colosseo, Roma, 4 aprile 1980, in IP III; 1 (1980) p. 810.

[64] GIOVANNI PAOLO II, *Aprite a Cristo le porte della nostra difficile età,* Messaggio a chiusura dell'Anno Santo, Città del Vaticano, 22 aprile 1984, in IP, VII, 1 (1984) p. 1099.

[65] GIOVANNI PAOLO II, *Spalancate le porte a Cristo!* Per l'inizio del pontificato, Città del Vaticano, 22 ottobre 1978, in IP, I (1978) p. 38.

[66] GIOVANNI PAOLO II, *Il lavoratore cristiano deve testimoniare anche la dimensione spirituale del lavoro,* Ai rappresentanti del movimento cristiano lavoratori, Città del Vaticano, 19 dicembre 1982, in IP, V, 3 (1982) p. 1641.

«Aprite le porte dei cuori e delle intelligenze al Signore della storia. Cristo sa quello che c'è in ogni uomo (Gv 2,35): conosce perfettamente l'essere umano, Egli è il Redentore dell'uomo»[67].

Il grido appassionato e l'insistente chiamata del Papa per aprire le porte a Cristo non minacciano in alcun modo l'uomo. Esso è anzi un invito che cerca di liberare l'uomo e di sollevarlo alla piena conoscenza di sè. Chi accoglie Cristo, dice il Papa, accoglie «l'Uomo della speranza, l'Uomo cardine dell'umanità»[68], colui che infonde speranza perchè è lui stesso la nostra speranza (1Tm 1,1). Per Giovanni Paolo II, «contro tutte le forze della morte, nonostante tutti i falsi maestri, Gesù Cristo continua a offrire all'umanità l'unica vera e realistica speranza»[69].

---

[67] GIOVANNI PAOLO II, *Il Concilio Plenario della Chiesa in Sardegna provvidenziale opportunità per il rilancio dell'evangelizzazione,* Udienza ai Vescovi della Conferenza Episcopale Sarda in visita «ad limina», Città del Vaticano, 31 gennaio 1992, in IP, XV, 1 (1992) p. 199.

[68] GIOVANNI PAOLO II, *La nostra vita sia un'acclamazione a Cristo nostra salvezza,* Alla gioventù salesiana, Città del Vaticano, 5 maggio 1979, in IP, II, 1 (1979) p. 1053.

[69] GIOVANNI PAOLO II, *Contro tutte le forze della morte, Gesù Cristo continua a rappresentare l'unica speranza di vita,* Veglia di preghiera con i giovani a Denver, Colorado, 14 agosto 1993, in IP, XVI, 2 (1993) p. 490.

CAPITOLO III

IL PENSIERO TEOLOGICO DI JUAN ALFARO

1 - Lo sviluppo del pensiero teologico

Alfaro[1] è stato un attento e acuto interprete del suo tempo; egli ha affrontato, vivendole in prima persona, le varie sfide e provocazioni che hanno tenuto vivo il cammino del pensiero teologico ed ha saputo aprirsi al confronto ed al dialogo con la riflessione filosofica.

L'evoluzione del pensiero di Alfaro è segnata da quattro tappe successive: la prima, che comprende gli anni cinquanta del secolo scorso, è quella degli studi storici; la seconda, negli anni sessanta, di quelli biblici; poi quella antropologico-ermeneutica, che interessò gli anni settanta e gran parte degli anni ottanta; infine, l'ultima tappa è quella in cui trattò del problema dello storico automanifestarsi di Dio a partire dal problema del-

---

[1] Juan Alfaro nacque a Carcastillo (Navarra) il 10 maggio 1914 e morì a Loyola il 5 agosto 1993. Nel 1929 entrò nella Compagnia di Gesù, studiò scienze umane e ottenne la licenza in filosofia in Belgio nel 1937. Dopo un periodo in Venezuela, ritornò in Spagna, studiò teologia nella Facoltà di Oña (Burgos) e fu ordinato sacerdote nel 1944. Nel 1946 iniziò gli studi per il dottorato nella Pontificia Università Gregoriana di Roma; frequentò anche corsi di esegesi nell'Istituto Biblico di Roma. Nel 1949, difesa la sua tesi di dottorato, tornò in Spagna per essere incorporato come professore nella Facoltà di Teologia di Granada. Tre anni dopo tornò alla Gregoriana come professore di teologia dogmatica, compito che disimpegnò per trentasei anni. Dal 1964 al 1969 fu Prefetto Generale degli Studi dell'Università. Fu teologo consultore del Concilio Vaticano II, membro della Commissione teologica Internazionale dal 1975 al 1985, condirettore dell'enciclopedia teologica *Sacramentum Mundi* e della rivista *Concilium*.

l'uomo, aprendosi al confronto con il pensiero filosofico.

Punto di partenza dell'itinerario alfariano è, quindi, l'interesse per lo studio storico di temi teologici.

Negli anni della prima tappa si avevano vari movimenti teologici che miravano a condurre la teologia cattolica verso quel rinnovamento che confluirà nel Concilio Vaticano II. La teologia deduttiva o *scientia conclusionum*, basata sul metodo deduttivo-razionale, propugnata dalla neoscolastica, veniva messa in questione; se ne confutava la valenza scientifica e l'efficacia pratica. Emergeva il problema del rapporto tra storia e dogma, tra critica scientifica e teologia, nonché delle loro differenti metodologie. Si approfondiva, così, l'indagine storico-critica della tradizione, in particolare della scolastica, e si imponeva una rivisitazione del pensiero di San Tommaso e degli altri grandi teologi del medioevo.

Alfaro, attento osservatore del contesto storico e delle questioni, delle idee e delle sensibilità nuove che in esso si muovevano, recepì l'interesse per gli studi storici riguardanti il pensiero teologico della scolastica nelle sue diverse espressioni ed ad esse dedicò la sua tesi di dottorato, discussa nel 1949 e pubblicata nel 1950, dal titolo *Lo natural y lo sobernatural según el Card. De Vio Cayetano. Contenido, fuentes, originalidad*. In questo studio, attraverso una rigorosa analisi storica ed in confronto con l'opera di De Lubac, affrontò la questione del soprannaturale in relazione all'idea di natura pura e si interrogò sulla capacità ricettiva della natura umana di fronte al dono divino e soprannaturale della grazia. Egli pose così il fondamento della questione antropologica, che sarà una delle note che configurerà e qualificherà tutto il suo lavoro teologico.

La seconda tappa è caratterizzata dalla crescita dell'attenzione per il fondamento biblico della riflessione teologica; del resto, la conoscenza di Alfaro della Sacra Scrittura era profonda ed impregnata di un'esegesi concepita secondo il metodo storico-filologico. Nel suo pensiero si fece strada una spiccata attenzione al dato rivelato, così come esso era accessibile nel dato scritturistico, quale vero fondamento della teologia. In tale ottica, ogni oggetto di studio e di riflessione, ogni «tema», doveva essere esaminato dapprima all'interno della Sacra

Scrittura per poi trovare il suo sviluppo nella teologia e nel magistero. Le pericopi non dovevano essere assunte quali *dicta probantia*, ma, inserite nel loro contesto, richiedevano la comprensione del loro senso reale, culturale e simbolico[2].

Queste riflessioni teologico-sistematiche culminarono, nel 1969, nell'articolo dal titolo *El tema bíblico en la enseñanza de la Teología sistemática*.

La terza tappa contiene due aspetti, in parte concomitanti, in parte successivi: quello antropologico e quello ermeneutico.

La ricerca teologica intorno agli anni cinquanta aveva focalizzato l'attenzione sul concetto di rivelazione, riconoscendo in questa il vero oggetto della fede. Il contatto diretto con le fonti, in particolare con la Sacra Scrittura, aveva portato a considerare la rivelazione come autocomunicazione personale di Dio all'uomo nella sua realtà concreta e non solo come comunicazione di verità intellettuali; ciò aveva permesso di rompere l'aridità di certi manuali neoscolastici, per arrivare ad agganciare la teologia all'esistenza. Si imponeva, quindi, una teologia attenta alla storia, che si sviluppava a partire dal soggetto e dalla sua esperienza esistenziale, e che cercava sistematicamente la correlazione tra discorso teologico e antropologico.

Alfaro si dedicò in questa fase ad una serie di studi direttamente orientati a cogliere la rilevanza antropologica della rivelazione come economia salvifica; egli ripensò radicalmente il modo stesso di fare teologia, evidenziando il destinatario della rivelazione: l'uomo. L'attenzione all'antropologia, che segnerà tutta la sua produzione teologica, si delineò in modo preciso nelle opere che videro la luce attorno agli anni settanta[3].

---

[2] «Las obras de Alfaro han de leerse como un ejemplo de lo que el Vaticano II pedía acerca del uso de la Biblia por el teólogo: la Biblia debe ser el alma de la Teología» J. M. ROVIRA BELLOSO, «La obra reciente de Juan Alfaro a la luz de su propia metodología», *EstEcl* 64 (1989) p. 41.

[3] «Si la gracia y la palabra de Cristo tienen como destinatario el hombre actual (y de lo contrario no le dirían nada sobre el sentido de su vida), deben insertarse en la fase de "humanización" en que se encuentra el hombre de hoy, en su grado concreto de apertura a la verdad y a la libertad» J. ALFARO, «Fe y humanismo: visión actual de la vida religiosa», *Confer* 15 (1976) p. 369.

La svolta antropologica portò la riflessione teologica ad affinare la prospettiva ermeneutica: se la rivelazione di Dio nella storia è accessibile all'uomo e si inserisce nella sua struttura costitutiva è perché Dio si comunica all'uomo nella forma della parola. La teologia, dunque, nel lavoro di indagine critica del suo fondamento, dovrà elaborarsi come ermeneutica di questa parola nel suo darsi storico[4] e nel suo inerire al soggetto umano quale suo destinatario[5].

Le opere scritte da Alfaro agli inizi degli anni ottanta mostrano un interesse espressamente tematizzato nei confronti della dimensione ermeneutica, in cui viene operato un confronto con Dilthey, Heidegger e Gadamer. Il suo penultimo libro *Rivelazione cristiana, fede e teologia* può considerarsi come una sintesi, nella maturità, di alcune questioni che più lo hanno impegnato nello sviluppo del suo pensiero teologico.

Gli ultimi anni di studio furono dedicati da Alfaro all'ascolto attento delle voci della modernità; la questione del senso dell'esistenza umana, che domina il pensiero moderno, fu indagata con una profondità critica sempre maggiore per vedere come essa risultasse implicata in tutte le fondamentali esperienze esistenziali dell'uomo, la cui indagine rigorosa e senza pregiudizi portò a delineare, in maniera sempre più ampia ed approfondita, le strutture dell'antropologia. Si giunge così all'ultima grande opera di Alfaro, *Dal problema dell'uomo al problema di*

---

[4] «Omnis cognitio (et proinde veritas) ab historia accipit, se ipsam historice evolvit et sic historiam creat. Historica conditionatio cognitionis humanae implicat aspectus trascendentales [...] et categoriales [...] Omnia haec efformant prae-comprehensionem, conditionativam possibilitatis interrogandi et intelligendi. In occursu inter horizontem illimitatum possibilitatum exsistentiae et acceptum ab historia, prae-comprehensio evolvitur in intellectionem-interpretationem (circulus hermeneuticus in mutua interactione prae-comprehensionis acceptae et interpretationis)» J. ALFARO, «Problema theologicum de munere Theologiae respectu Magisterii», *Greg* 57 (1976) 38 p. 54.

[5] «La comprensión actual del mensaje evangélico se logrará únicamente en el círculo hermenéutico (en su movimiento de espiral ascendente) que va de la revelación cristiana a la humanidad actual (en su cultura y en su praxis), y viceversa» J. ALFARO, «Fe y humanismo: visión actual de la vida religiosa», *Confer* 15 (1976) p. 370.

Dio[6], in cui la questione di Dio ed il suo storico autocomunicarsi[7] sono compresi nella loro reale portata a partire dal problema dell'uomo, dalla ricerca e dall'esplicitazione delle strutture antropologiche che ne permettono l'apertura e l'accoglienza e, quindi, la significanza nella realtà umana.

2 - La teologia: contenuto, metodo, compito.

Tutti gli scritti di Alfaro, pur nella loro varietà tematica, si caratterizzano per una notevole unità di fondo e di impostazione che, peraltro, risale a molto lontano, sin alla sua prima opera. La sua riflessione teologica è caratterizzata dallo sforzo costante di rendere intelligibile il problema della presenza dell'Assoluto nel mondo, nella storia e nell'uomo; cioè, il problema dell'immanenza-trascendenza della grazia, intesa in senso ampio, come autocomunicazione divina. Egli, quindi, ricerca «il modo più attuale d'impostare il problema teologico secolare della immanenza e della trascendenza della grazia, cioè dell'apertura costitutiva dell'uomo a una pienezza trascendente di gratuità assoluta, all'autodonazione di Dio in Cristo mediante lo Spirito»[8]. È questo l'orizzonte che incornicia le sue riflessioni teologiche. Il filo conduttore, che conferisce unità e coerenza al suo pensiero, ha un'estremità situata nella concezione dell'uomo e l'altra nel mistero di Cristo, Verbo di Dio incarnato.

Alfaro ebbe costantemente presenti le innovazioni, gli orientamenti e gli spunti del Concilio Vaticano II; egli, così, ha indicato che quel Concilio, affermando la mutua inseparabilità della

---

[6] Nella presentazione l'Autore stesso definisce questa opera come «filosofica».

[7] «La cuarta etapa constitutiva del "último Alfaro": lectura metódica de la manifestación de Dios en los signos de la historia de la cultura» J. M. ROVIRA BELLOSO, «La obra reciente de Juan Alfaro a la luz de su propia metodología», *EstEcl* 64 (1989) p 46.

[8] J. ALFARO, «Problematica teologica attuale della fede», *Teol* 6 (1981) p. 219.

Scrittura e della Tradizione[9], ha «messo in rilievo il primato assoluto della Parola di Dio (Tradizione divino-apostolica e Scrittura) sulla Tradizione ecclesiale e sul Magistero: la rivelazione biblica, norma suprema della fede e quindi della teologia [...] rimane parola di Dio attuale e viva per l'uomo nell'*hic et nunc* del momento storico»[10].

Dal Concilio ha recepito l'indicazione sul compito affidato alla teologia, che consiste nel saper «ascoltare attentamente, discernere e interpretare i vari linguaggi del nostro tempo, e di saperli giudicare alla luce della parola di Dio, perché la verità rivelata sia capita sempre più a fondo, sia meglio compresa e possa venire presentata in forma più adatta» (GS 44). Da questa indicazione Alfaro sviluppa un'importante considerazione di ordine metodologico concernente la teologia[11]: «il Concilio ha

---

[9] «Ecclesia Scripturam semper ut supremam fidei regulam habuit et habet [...] Inde apparet rectitudo assertionis Vat. II de mutua inseparabilitate Scripturae et traditionis, arcte inter se connectuntur et communicant. Simul apparet earum differentia qualitativa (primatus Scipturae, normantis traditionem), cum Scriptura sit locutio Dei scripto consegnata, traditionis autem functio consistat in trasmissione Verbi Dei. Traditio ecclesialis non est creativa revelationis, quam iam peractam supponit, sed potius eius viva cognitio-interpretatio et permanens actualizatio [...] Traditio ecclesialis, a mutatione contextus historici condizionata, permanere in veritate rivelata non potest nisi modo novo intelligens et exprimens traditum eventum Christi, in Scripturam contentum» J. ALFARO, «Problema theologicum de munere Theologiae respectu Magisterii», *Greg* 57 (1976) 38, pp. 52-54.

[10] J. ALFARO, «Compito della teologia cattolica dopo il Vaticano II», *CivCatt* (1976) II, p. 531.

[11] Alfaro non nasconde che non vi è una unanimità di concezioni sulla teologia. «I teologi non si trovano d'accordo nel dare risposta alla domanda su che cosa sia la teologia (*scientia conclusionum ex fide, scientia fidei, fides in statu scientiae, intellectus fidei, fides quaerens intellectum, etc.*). Non è casuale tale disaccordo. La definizione di teologia è già di per sé un compito teologico; non possiamo dire che cosa sia la teologia se non facendo teologia» (J. ALFARO, *Rivelazione cristiana, fede e teologia,* Brescia, 1986, p. 132). Nonostante tali difficoltà, Alfaro più volte espone una sua concezione della teologia, vista come «reflexio propria credentis ut credentis» (J. ALFARO, «Problema theologicum de munere Theologiae respectu Magisterii», *Greg* 57 (1976) p. 46); «la teología es la reflexión (crítica, metódica, sistemática) propia del creyente como creyente [...].una riflexión de la

indicato le linee fondamentali del metodo teologico: la teologia è una riflessione storico-ermeneutica della fede su se stessa, ossia sulla parola di Dio contenuta nella Scrittura, compresa e trasmessa dalla tradizione ecclesiale che trova la sua espressione privilegiata nelle definizioni del magistero; una riflessione compiuta con l'aiuto della filosofia e delle scienze umane, che tenga conto della cultura e della situazione attuale dell'umanità e che cerchi la comprensione unitaria del contenuto rivelato, formulata in concetti e in un linguaggio accessibili all'uomo d'oggi»[12].

Per impostare la sua riflessione teologica, Alfaro prende come punto di partenza la «questione dell'uomo su se stesso», sul senso ultimo della sua vita, ciò in quanto è impossibile pensare alla rivelazione se non in stretta connessione con il suo destinatario: l'uomo. Egli ritiene, quindi, necessario «affrontare preliminarmente il problema antropologico (che cosa è l'uomo)»[13], ma nelle sue analisi non si limita a considerare i quesiti impliciti nelle strutture costitutive dell'uomo, propri dell'antropologia, bensì affronta anche i problemi della situazione attuale culturale e socio-economico-politica dell'umanità.

Il metodo seguito da Alfaro per compiere l'indagine sull'uomo è quello dell'analisi trascendentale delle infrastrutture antropologiche necessariamente implicate nell'esistenza. La scelta è motivata dal fine della ricerca che, come detto all'inizio del paragrafo, rappresenta una costante nella sua riflessione teologica: investigare se l'uomo porti in se stesso una radicale apertura alla rivelazione di Dio nella storia.

Alfaro individua la categoria del «domandare» quale elemento costitutivo più profondo del dinamismo conoscitivo umano; l'interrogarsi senza fine rappresenta la dimensione ontologica fondamentale dell'uomo. «Nell'orizzonte senza confini dell'interrogare umano emerge una domanda diversa dalle

---

fe sobre sí misma» (J. ALFARO, «Notas preliminares para una teologia de la liberación», *Salmant* 24 (1977) p. 589).

[12] J. ALFARO, *Rivelazione cristiana, fede e teologia*, Brescia 1986, p. 161.

[13] J. ALFARO, *Rivelazione cristiana*, p. 5.

altre, singolare: la domanda dell'uomo su se stesso, sul senso della sua esistenza»[14]. È questa una domanda comune a tutti gli uomini e non riservata, come un privilegio, ai pensatori.

Questa ricerca dell'uomo, mossa dalla domanda di senso della propria esistenza, non è mai riducibile al modello di verità di un oggetto, ma introduce immediatamente nell'orizzonte di una conoscenza che supera la contrapposizione soggetto e oggetto e rinvia a cogliere l'uomo nella sua esperienza originaria; non si tratta, infatti, di risolvere un problema puramente oggettivo, ma di ricercare e trovare la verità più profonda di noi stessi. «Questo è il problema originario, il primo dal punto di vista esistenziale, il più immediato, accessibile ed ovvio per tutti, in quanto è incluso in ogni opzione e azione concreta dell'uomo»[15].

Già a livello di interrogativo emerge un aspetto singolare: «L'interrogativo sul senso della vita implica che la risposta (se esiste) non può essere evidente (cogente) in quanto è, per se stessa, questione che interpella la libertà; per questo la risposta sarà sempre influenzata dal comportamento profondo della libertà. Rimane quindi esclusa una dimostrazione evidente, come esistenzialmente impossibile. Sarà unicamente possibile una esposizione, una comprensione sufficiente delle motivazioni che giustificano la scelta. L'uomo costituirà sempre mistero e questione per se stesso»[16].

Il problema del senso della vita è costitutivamente *a priori*, ossia è struttura ontologica permanente nell'atto stesso di esistere e non è una domanda puramente teorica, ma anche pratica, è una domanda che non viene rivolta esclusivamente all'intelligenza, ma anche, e inseparabilmente, alla libertà, poiché ogni vero interesse per la realtà domanda di prendere posizione rispetto ad essa. Alfaro mette in guardia dal limite di una visione separata dei dinamismi propri di intelletto e libertà, che non

---

[14] J. ALFARO, *Dal problema dell'uomo al problema di Dio*, Brescia 1991, p. 10.
[15] J. ALFARO, *Dal problema dell'uomo*, p. 275.
[16] J. ALFARO, *Rivelazione cristiana*, p. 13.

riesce a dare pienamente ragione del conoscere umano, poiché ad analisi conclusa non si riesce a correlare le due facoltà se non per somma di operazioni. Il carattere presupposto della distinzione tra intelletto e volontà impedisce di pensare questi in circolarità dialettica e, così facendo, altera l'unità indivisibile dell'esperienza umana. Alla ricerca primaria del senso della vita si può accedere solamente nell'orientamento totale della propria vita, cioè riconoscendosi soggettivamente impegnati di fronte ad essa mediante una opzione della propria libertà: «l'uomo potrà trovare il senso della propria vita solo in un atto di tutta la persona: atto indiviso di conoscenza-decisione-azione»[17]. Così l'uomo è chiamato non solo a conoscere se stesso ma anche a realizzarsi nelle sue libere decisioni; egli vive interpellato dal compito di attuare liberamente le sue possibilità.

Il processo volto a trovare la risposta dovrà partire dalla precomprensione vissuta che l'uomo ha all'interno di ogni singola esperienza; la sua decifrazione dovrà avvenire a partire dall'esperienza stessa, così potranno emergere le strutture ontologiche costitutive dell'uomo. Ma, quale metodo seguire nella ricerca della risposta: come cercare il senso della vita? Non partendo da nessun presupposto epistemologico (da un postulato logico, da una affermazione o negazione previa), ma semplicemente aprendo gli occhi alla realtà della vita umana, manifestata nelle sue esperienze basilari, partendo cioè dalla descrizione fenomenologica. «Il passo dalla precomprensione esperienziale alla comprensione riflessa può essere compiuto solo mediante la descrizione fenomenologica, affinché si mostri quanto si nasconde sotto il fenomeno»[18].

Alfaro, quindi, dopo aver individuato la struttura essenziale del conoscere umano nel domandare, esamina la verità antropologica nei percorsi dell'esperienza umana mediante un'analisi capace di mostrare le strutture ontologiche che rendono comprensibile l'esperienza stessa. Si giunge così all'analisi fenomenologica delle dimensioni fondamentali dell'esperienza umana;

---

[17] J. ALFARO, *Dal problema dell'uomo*, p.17.
[18] J. ALFARO, *Rivelazione cristiana*, p. 14.

dall'esperienza stessa emergeranno indicazioni che porteranno nella direzione di una possibile risposta alla domanda su ciò che l'uomo è in sé stesso. Alfaro prende come punto di partenza l'assunto di Husserl riguardante l'intenzionalità della coscienza, quale indice dell'apertura complessiva alla realtà; tuttavia egli non segue *in toto* il metodo della fenomenologia husserliana, ma indica con tale espressione semplicemente un riflettere che procede a partire dall'esperienza effettiva. Alfaro avverte: «la fenomenologia deve dire una parola imprescindibile, ma non l'ultima parola: presa solo in se stessa essa è tanto necessaria quanto insufficiente per la comprensione del senso della vita umana»[19].

La risposta alla questione dell'uomo viene, così, ricercata nell'analisi delle dimensioni fondamentali dell'esistenza umana, che sono: il rapporto dell'uomo col mondo, il rapporto di ciascun uomo con gli altri e con la comunità umana, il suo rapporto con la morte, il suo rapporto con la storia, cioè all'interno della reciproca immanenza di mondo-umanità-storia. L'analisi delle dimensioni fondamentali dell'esistenza umana lo conduce al dilemma decisivo: il senso della vita umana si esaurisce dentro la realtà meramente immanente del mutuo rapporto chiuso mondo-uomo-storia, o implica in se stesso segni di trascendenza, cioè, di una apertura ad un plus di gratuità assoluta, al dono di una pienezza definitiva, escatologica, metastorica? Se la realtà intramondana dovesse rivelarsi portatrice in se stessa del proprio fondamento ultimo, quindi autosufficiente, la questione del trascendente non avrebbe senso. Ma se ciò non dovesse verificarsi e se nelle esperienze esistenziali fondamentali dell'uomo dovessero mostrarsi segni di trascendenza, allora la questione dell'uomo sboccherà di per se stessa sulla questione del fondamento ultimo, che si chiama Dio.

Secondo Alfaro, quindi, «soltanto l'analisi delle esperienze esistenziali fondamentali potrà mostrare l'apertura dell'uomo a Dio e all'eventualità di una sua rivelazione che abbia luogo nella storia e che trascenda la storia»[20].

---

[19] J. ALFARO, *Rivelazione cristiana*, p. 14.
[20] J. ALFARO, «Problematica teologica attuale della fede», *Teol* 6 (1981) p. 229.

3 - L'antropologia di Alfaro

La tematica antropologica è una costante che si ritrova in ogni opera di Alfaro. L'itinerario della sua riflessione è segnato in tutta la sua lunghezza da un'attenta analisi delle strutture della conoscenza e dell'operare umano, tanto che, nell'evoluzione del suo pensiero, potrebbe essere improprio parlare, per lui, di svolta antropologica.

Nella unitarietà della sua riflessione v'è un progressivo approfondimento e successiva esplicitazione di un nucleo tematico (la dinamica dell'immanenza-trascendenza della grazia) che già all'origine è caratterizzato in senso fortemente antropologico, in quanto ricerca di un punto d'inserzione della grazia nella struttura dell'esistenza umana. «Troviamo nel Vaticano II un altro contributo (di ordine metodologico) di particolare interesse per la teologia della fede. Mi riferisco alla Costituzione *Gaudium et spes* e al procedimento ch'essa adopera per presentare il messaggio cristiano agli uomini del nostro tempo. Come punto di partenza viene preso il problema concernente l'uomo in se stesso [...] In questo modo il concilio compie una riflessione teologica sulla vita cristiana, partendo dall'analisi dell'esistenza umana (antropologia) e cercando ulteriormente gli aspetti che fanno dell'uomo un possibile destinatario della rivelazione e della grazia di Dio in Cristo»[21].

Alfaro è conscio delle difficoltà che incontrano gli uomini del nostro tempo nel rivolgersi alla trascendenza, ristretti come sono nel mondo dell'immanenza e, conseguentemente, delle difficoltà della Chiesa (e della teologia) nel predicare e rendere credibile il messaggio evangelico. Del resto, egli ha ben chiara l'inconsistenza radicale dell'uomo chiuso nei limiti della sua immanenza; ciò emerge soprattutto nel suo avvicinamento ai pensatori ed ai problemi della modernità e nel confronto che con essi ha avviato. In particolare nella sua ultima opera, *Dal problema dell'uomo al problema di Dio*, da lui stesso definita filosofica, egli riprende tutti i confronti con i vari pensatori che

---

[21] J. ALFARO, *Rivelazione cristiana*, p. 117.

aveva già avviato e li espone in maniera sistematica; così vengono trattati, nell'ordine: il problema dell'uomo e di Dio nella filosofia di I. Kant, L. Feuerbach e M. Heidegger; la negazione nichilista del senso della vita in F. Nietzsche e in J. P. Sartre; L. Wittgenstein di fronte al problema del senso della vita; l'antropologia di K. Marx e l'escatologia marxista di E. Bloch.

Nel conferire grande importanza alle questioni dell'uomo, con costante impegno, Alfaro ha cercato di indagare e delineare le più profonde strutture su cui basa l'esistenza umana, per giungere ad individuare nell'apertura alla trascendenza la categoria antropologica fondamentale e la caratteristica essenziale dell'essere umano.

L'uso dell'antropologia nel lavoro teologico da parte di Alfaro va dunque inteso da qui: per giungere con il messaggio della fede fino all'uomo secolare bisogna approfondire prima la comprensione che l'uomo ha di se stesso. La massima della sapienza antica: *conosci te stesso* è sempre più attuale; occorre conoscere l'uomo e far sì che l'uomo si conosca e, così, possa conoscere Dio.

L'uomo si caratterizza per una duplice tensione costitutiva della sua esistenza: in lui coesistono, nello stesso tempo, un anelito incontenibile per l'infinito (*desiderium naturale videndi Deum*)[22] e l'impossibilità ontologica di soddisfare da se stesso questo desiderio naturale di pienezza. «L'uomo è un "essere in progetto", chiamato a decidere il senso definitivo della sua esistenza nell'atto totale delle sue libere azioni, ossia a realizzarsi progressivamente nel tempo mediante la sua attività sul mondo in comunione con gli altri uomini; solo in tale modo può andare verso la propria pienezza, prefigurata nella sua stessa costituzione "corporeo-spirituale", ossia nella sua autocoscienza personale, nella sua apertura agli altri e nel suo legame con il

---

[22] «El *desiderium naturale videndi Deum* está implicado (implicación trascendental-tendencial y no objetivo-categorial) en la necesidad apriórica de seguir preguntando, y en la imposibilidad igualmente apriórica de seguir buscando, si se llega a la visión de Dios» J. ALFARO, «La dimensión trascendental en el conocimiento humano de Dios según S. Tomás», *Greg* 55 (1974), p. 667.

mondo [...] Nelle sue esperienze umane si riflette il paradosso costitutivo dell'uomo come "spirito-finito", ossia la sua finitezza creaturale e la sua illimitata aspirazione spirituale. È questo il mistero fondamentale dell'uomo»[23]. Per designare questa costituzione essenzialmente paradossale dell'uomo, Alfaro ricorre al concetto di «creatura intellettuale»[24] che riesce a congiungere i suoi limiti con la sua tensione verso la perfezione.

La nozione di «apertura» risolve le problematiche insite nello «spirito-finito»: l'uomo è aperto alla perfetta soddisfazione del suo spirito, questa è la sua aspirazione più profonda, ma, nella sua vita l'uomo si trova sempre proteso più avanti, in un susseguirsi vorticoso di tappe raggiunte e di nuove mete da conquistare, senza poter mai realizzare pienamente le sue aspirazioni più intime.

Alfaro studia minuziosamente tutte le dimensioni ontologiche dell'essere umano, senza tralasciarne nessuna, per scoprire se in alcuna di esse vi sia una risposta adeguata alla questione delle sue aspirazioni senza limiti. Egli, quindi, accetta seriamente la possibilità di un esistenza aperta e impiantata nell'immanenza come è quella dell'uomo secolarizzato e percorre, mediante un'analisi di carattere esistenziale, tutte le dimensioni costitutive dell'essere e dell'esistenza umana, ricercando la possibilità per l'uomo di incontrare in esse la sua pienezza. L'unità tematica di fondo si colora di prospettive di volta in volta nuove: nel suo esame viene accentuata ora la dimensione personale dell'esistenza umana, ora il suo rapportarsi al mondo, ora l'evidenziazione della dimensione esistenziale in un uomo che si percepisce fondamentalmente come essere storico.

Il complesso, articolato ed onnidimensionale studio finisce, però, con lo scoprire il paradosso definitivo dell'uomo: autotrascendenza che non può realizzarsi nella finitudine. Entro i limiti della pura immanenza non esiste risposta capace di soddisfa-

---

[23] J. Alfaro, *Rivelazione cristiana*, p. 95.
[24] «La intelectualidad (o espiritualidad) describe la tendencia hacia la perfeccion definitiva, mientras que la creaturalidad indica la impotencia o la incapacidad ontológica para lograrlas por las proprias fuerzas y posibilidades» J. M. De Miguel, «La teologia de J. Alfaro», *EstEcl* 64 (1989) p. 17.

re le domande dell'uomo su se stesso; anche nella domanda circa il senso della vita, che riassume e compendia tutte le altre domande, non vi è risposta concludente e definitiva all'interrogazione radicale della e sulla persona umana, che implica libertà, coscienza e responsabilità.

«Il fatto che l'uomo sia problema inevitabile a sé e rimanga sempre radicalmente messo in questione (interpellato dal problema su se stesso) mostra al tempo stesso il carattere non autofondante della sua esistenza e della sua autotrascendenza. Se l'uomo rimane alla ricerca di sé, significa che non si possiede pienamente, che non è identico a sé stesso; interrogandosi si trascende, si trova, cioè, in un orizzonte problematico che va sempre oltre. Insomma: l'uomo non può eliminare il problema che egli stesso è, né prescindendo da esso, né superandolo definitivamente con una risposta evidente»[25]. In questa situazione estrema sorge la questione di Dio come questione sul senso dell'uomo, come risposta che realizza e porta a pienezza l'autotrascendenza dell'uomo, la quale, nell'ambito della sola immanenza appare troncata e irrealizzata.

L'origine del problema di Dio è considerata antropologica. «L'analisi esistenziale, incentrata di fatto nella libertà umana, costitutivamente marcata dalla sua incondizionata responsabilità e dalla sua illimitata speranza, rivela la contingenza e finitezza dell'uomo. L'aspirazione parimenti *a priori* dello sperare umano rivela che la libertà umana è costitutivamente aperta a una pienezza metastorica, che l'uomo non può raggiungere da se stesso, ma soltanto ricevere come dono»[26].

«Il problema di Dio si verifica quindi *a posteriori*, mediante la constatazione previa delle domande che la comprensione della realtà impone all'uomo [...] Quello che nell'uomo c'è di negativo (finitudine, contingenza) presuppone ontologicamente e poeticamente quello che c'è di positivo in lui (primato ontologico e poetico del positivo), presuppone cioè l'autotrascendenza in forza della quale l'uomo tende oltre il mondo e la sto-

---

[25] J. ALFARO, *Dal problema dell'uomo*, p. 283.
[26] J. ALFARO, «Problematica teologica attuale della fede», *Teol* 6 (1981) pp. 220-221.

ria, e quindi può avere accesso al problema di Dio: proprio nella sua autotrascendenza l'uomo è orientato oltre se stesso verso il suo fondamento ultimo: è aperto, cioè, al problema di Dio. Una volta mostrata *a posteriori* la validità del problema di Dio, bisogna dire che è un problema ontologicamente *a priori*, inserito cioè nelle strutture costitutive dell'uomo»[27].

L'uomo, che è mistero[28] per se stesso, è essenzialmente una realtà sempre aperta a qualcosa più in là di sè, delle proprie conquiste e progetti. Perciò non è contraddittorio per lui vivere e sperimentare simultaneamente il *desiderium naturale videndi Deum* e l'incapacità ontologica di conseguirlo da se stesso. Il proprio dell'uomo è la frammentarietà, il carattere incompleto, incompiuto, imperfetto, il perenne movimento o potenzialità. «È in questo suo mistero che l'uomo si trova orientato al mistero assoluto, Dio [...] L'implicita presenza di Dio nella "spiritualità-finita" costitutiva dell'uomo non è la grazia in se stessa, ma la radicale capacità di ricevere la grazia [...] La grazia è Dio in se stesso, che si comunica all'uomo e lo chiama alla comunione di vita con lui; questa chiamata interiore costituisce la dimensione più profonda dell'esistenza umana: la sua accettazione e la sua espressione nell'uomo è la fede»[29].

La costituzione aperta dell'uomo è la strutturazione antropologica posta da Dio perché l'uomo possa ricevere l'autocomunicazione divina nella grazia (aspetto trascendentale) e la rivelazione (aspetto categoriale). Dio, assolutamente trascendente, spirito puro, può comunicarsi all'uomo nelle profondità del suo essere lanciato verso l'infinito, come risposta alle sue aspirazioni senza limiti; l'uomo, a sua volta, può captare realmente Dio,

---

[27] J. ALFARO, *Dal problema dell'uomo*, p. 285.

[28] «L'uomo è mistero per se stesso [...] L'uomo non può essere definito, cioè limitato, giacchè è chiamato a raggiungere la pienezza solo in Dio; e questa chiamata non può fare a meno di condizionare tutto il suo essere. Chiarire completamente il mistero dell'uomo sarebbe possibile solo se potessimo lasciare da parte questa dimensione trascendente, ma così non faremmo altro che distruggere la realtà più profonda dell'essere umano. Il mistero dell'uomo rimanda al mistero di Dio» L. F. LADARIA, *Antropologia teologica*, Casale Monferrato 1996, p. 137.

[29] J. ALFARO, *Rivelazione cristiana*, p. 96.

che gratuitamente gli si comunica, e rispondere nella fede, in quanto possiede (per creazione) un dinamismo intellettivo-volitivo proiettato verso l'essere infinito.

L'offerta di grazia e comunione da parte di Dio all'uomo, e la risposta di questo nella fede, appare, quindi, come la spiegazione ultima delle possibilità umane; tale incontro può realizzarsi grazie alla condizione costitutivamente aperta dell'essere umano. «In ultima istanza non è l'uomo che cerca Dio, ma Dio che gli va incontro, costituendolo orientato verso di Sé [...] Si può conoscere Dio soltanto riconoscendolo, accettandolo come Colui del quale l'uomo non può disporre in nessun modo. Dio, il Mistero assoluto, non si dimostra: è Lui che si mostra, che chiama. Forse non si può dire nulla di più sicuro sul problema di Dio di questo: esista o non esista Dio, l'uomo potrà incontrarlo soltanto se è disposto ad invocarlo, adorarlo, sperare in Lui»[30].

L'esito della ricerca mostra che l'approccio metodologico usato, che aveva assunto quale punto di partenza la questione dell'uomo su se stesso era giusto e fecondo. «Solo se si parte dalle esperienze esistenziali fondamentali è possibile mostrare l'apertura dell'uomo a una rivelazione di Dio che avvenga nella storia e la trascenda. Pertanto il primo problema per una teologia della fede sarà quello antropologico-filosofico del senso ultimo dell'esistenza umana»[31].

4 - La cristologia di Alfaro

Alfaro considera il mistero di Cristo dalla prospettiva dell'incarnazione, intesa compiutamente: dall'istante del concepimento fino alla morte e risurrezione, strettamente connessa con la funzione rivelatrice, tanto che «incarnazione e rivelazione sono sostanzialmente un medesimo mistero»[32].

Alfaro non si interessa tanto dei contenuti della rivelazione, bensì del significato dell'atto per il quale Dio si volge verso gli

---

[30] J. ALFARO, *Dal problema dell'uomo*, pp. 285-286.
[31] J. ALFARO, *Rivelazione cristiana*, p. 129.
[32] J. ALFARO, *Rivelazione cristiana*, p. 93.

uomini e decide di comunicare loro i segreti della sua vita divina e del suo piano di salvezza per loro. L'incarnazione, quale avvenimento della rivelazione (anzi l'avvenimento massimo, il culmine del comunicarsi del Padre) costituisce un evento assolutamente unico ed irripetibile, in cui si ha la presenza personale di Dio nel mondo; «l'unione del divino con l'umano in Cristo, sotto il primato del divino»[33]. L'evento del tutto gratuito della rivelazione di sé da parte di Dio, compiuto nella storia e destinato all'uomo, richiede l'espressione del proprio contenuto in un modo accessibile all'uomo, cioè nella parola. Solo in tal modo l'evento può arrivare all'uomo, incarnandosi nella parola: «E la Parola si è fatta uomo» (Gv 1,14).

In Gesù Cristo, la parola eterna del Padre si è resa visibile, udibile e palpabile; in essa si esprime e si riflette, sotto i veli della carne, il mistero di Dio. «Considerando il mistero di Cristo nella prospettiva dell'incarnazione, le parole e le azioni dell'uomo Gesù appaiono come segni umani del Figlio di Dio, vale a dire come rivelazione»[34].

Per Alfaro la rivelazione è essenzialmente cristocentrica, cristologica e cristoteleologica.

La rivelazione è cristocentrica: Cristo, in quanto Figlio del Padre, è la stessa rivelazione di Dio agli uomini. Il contenuto centrale della rivelazione è Cristo: Egli è la Parola di Dio al mondo, tutte le altre parole si illuminano ed acquistano consistenza, verità e significato da Cristo. «Ogni contenuto concreto, rivelato e creduto, si riferisce in ultima istanza a Cristo»[35].

La rivelazione è cristologica: Cristo è il rivelatore e la rivelazione di Dio. L'autorivelazione del Padre è il suo Verbo ed il Verbo è presente in Gesù di Nazareth. Non v'è rivelazione più grande di quella di Gesù Cristo. «Cristo è non solo centro, ma anche e principalmente fondamento formale della fede [...] Credere che Gesù è il Figlio di Dio implica che si creda a lui, che si fondi la fede su di lui come Figlio di Dio: reciproca impli-

---

[33] J. ALFARO, «Compito della teologia cattolica dopo il Vaticano II», *CivCatt* (1976) II, p. 539.
[34] J. ALFARO, *Rivelazione cristiana*, p. 75.
[35] J. ALFARO, *Rivelazione cristiana*, p. 120.

cazione della *fides quae* e della *fides qua* nella fede, appunto per questo, cristiana»[36]. La fede cristiana attinge il suo stesso fondamento da Cristo, il Figlio di Dio incarnato. Lo specifico e irrinunciabile della fede cristiana, la divinità dell'uomo Gesù, domanda di fondare in Lui l'assenso e l'opzione della fede: aderire incondizionatamente a Gesù e confessarlo Figlio di Dio si implicano a vicenda. Fondare la fede in Lui, come il rivelatore di Dio, è riconoscerlo come Figlio di Dio.

«Il Verbo si fece carne» (Gv 1,14), significa che la parola divina si fece parola umana; da ciò Alfaro deduce con rigorosa logica che ogni manifestazione della coscienza umana di Gesù, sotto forma di immagini, simboli, parole, concetti, gesti o azioni, è vera rivelazione di Dio. Alfaro localizza nella manifestazione di coscienza di Gesù il punto di sostegno dell'autorivelazione divina personale agli uomini: la coscienza umana di Gesù come mediazione obbligata per la rivelazione personale di Dio (assoluta trascendenza) agli uomini (reale immanenza). «Il metaconcettuale (esperienza umana della filiazione divina, ossia coscienza dell'assunzione ipostatica e visione di Dio) e il concettuale (o il suo equivalente in simboli, immagini, azioni etc.) sono due fasi essenziali, diverse e complementari fra loro, della funzione rivelatrice di Cristo»[37].

Il carattere cristoteleologico della rivelazione si riconnette alla funzione di rivelatore escatologico propria di Cristo. L'evento di Cristo è, per se stesso, la rivelazione definitiva, la promessa ultima, l'amore supremo di Dio all'umanità. «Nella sua definitività, la rivelazione di Dio in Cristo è compimento delle promesse e promessa da compiersi nella pienezza della sua manifestazione escatologica; essa è pure autodonazione suprema di Dio a Cristo (l'autodonazione che lo costituisce suo Figlio) e in Cristo all'umanità»[38]. Nella piena e perfetta manifestazione dell'unione ipostatica, Cristo glorioso rivelerà agli uomini conglorificati per la virtù divinizzante dello Spirito, il

---

[36] J. ALFARO, *Rivelazione cristiana*, pp. 121-122.
[37] J. ALFARO, *Rivelazione cristiana*, p. 88.
[38] J. ALFARO, «Problematica teologica attuale della fede», *Teol* 6 (1981) p. 224.

mistero trinitario di Dio nella sua unità di natura divina.

Alfaro insiste particolarmente sul rapporto tra incarnazione e rivelazione e sull'analogia che le lega: entrambe sono assolutamente soprannaturali, gratuite e connotate da un identico aspetto di mistero. La rivelazione, quale verità divina espressa in segni umani, è la conseguenza immediata dell'incarnazione, che dà intelligibilità alla rivelazione.

«L'incarnarsi della parola divina costituisce l'essenza stessa della rivelazione e raggiunge la sua suprema realizzazione nell'incarnazione del Verbo, in cui la parola personale di Dio si appropria personalmente dell'essere umano e, in esso, della parola umana. Nella rivelazione Dio si appropria della parola umana ed in essa si esprime; nell'incarnazione Dio si appropria personalmente dell'essere umano e in esso s'esprime: l'incarnazione fonda definitivamente la verità del fatto che Dio ha parlato agli uomini»[39]. Ciò presuppone la capacità della parola umana ad essere innalzata ad espressione della parola divina, in perfetta coincidenza con la capacità della natura umana ad essere innalzata, nell'incarnazione, a umanità di Dio. L'uomo, in ragione della sua spiritualità, è aperto alla sconfinata ampiezza dell'essere e perciò capace di accogliere la comunicazione personale dello Spirito assoluto e di riflettere nei suoi atti la presenza personale in essa di Dio stesso; grazie alla sua corporeità, egli può manifestare la sua inesauribile interiorità agli altri uomini.

Conseguentemente, il nucleo più profondo dell'apertura dello spirito finito al soprannaturale è l'attitudine all'unione suprema con Dio, all'elevazione divinizzante dell'umanità. Come la rivelazione, anche la visione di Dio e la grazia «appartengono inseparabilmente all'elevazione divinizzante dell'umanità di Cristo, come immediato e necessario risultato dell'appropriazione personale della natura umana da parte del Figlio di Dio; le tre, pertanto, sono assolutamente soprannaturali, come la stessa incarnazione»[40].

---

[39] J. ALFARO, *Rivelazione cristiana*, p. 83.
[40] J. ALFARO, *Rivelazione cristiana*, p. 82.

La grazia per antonomasia è l'autodonazione del Padre, generatrice del Verbo; tutta la grazia di Dio è concentrata nel Verbo: la grazia di Dio è il Verbo. «La grazia increata di Cristo è qualitativamente unica quanto la sua divina filiazione; pure la sua grazia creata è qualitativamente unica, in quanto consiste nella ripercussione creata corrispondentemente alla sua grazia increata»[41]. Da questo fondamento Alfaro sottolinea la comprensione della grazia come donazione personale, come consegna totale, come partecipazione e comunicazione di Dio stesso, come generatrice della relazione costitutiva della persona divina del Verbo. Così, l'incarnazione significa, anzitutto, l'incarnazione della grazia; perciò, come «Il Verbo si fece carne» (Gv 1,14), tutta la grazia è contenuta nell'avvenimento dell'incarnazione: la grazia si è incarnata.

La comunicazione della grazia ha quale effetto la divinizzazione o elevazione delle strutture ontologiche proprie della creatura.

La medesima tensione che si è vista nell'uomo in quanto «spirito-finito» riappare nella relazione immanenza-trascendenza della grazia. Nella santa umanità di Gesù vi è la massima presenza (immanenza) della divinità (trascendenza); il massimo dono di Dio, la grazia, il suo Verbo (assoluta trascendenza) è reale e personalmente presente nell'uomo Gesù (radicale immanenza). Solo a partire dall'incarnazione si può giungere ad intendere, nel modo migliore possibile, ciò che è la grazia in se stessa e per noi, e solo da essa si raggiunge il limite, nella razionale comprensione umana, del problema della reale immanenza della grazia di Dio, assolutamente trascendente. «La grazia consiste fondamentalmente nell'atto dell'assoluta comunicazione di Dio al Figlio suo, fatto uomo, e attraverso lui all'umanità peccatrice»[42].

Nella sua incarnazione Cristo ha vissuto nel modo più autentico la povertà della nostra esistenza. Nelle circostanze storiche della sua vita ha sperimentato la drammaticità della lotta inte-

---

[41] J. ALFARO, *Rivelazione cristiana*, p. 87.
[42] J. ALFARO, *Rivelazione cristiana*, p. 96.

riore della libertà umana di fronte alle tentazioni ed alle sofferenze, fino all'amarezza della morte. Egli ha vissuto tutto questo in filiale abbandono e sottomissione al Padre; è questa la decisione umana più autentica di Cristo, quella che ha conferito il senso definitivo alla sua vita. La grazia di Cristo innalza la libertà dell'uomo al suo punto culminante, rendendola capace del dialogo d'amore con Dio. Nella libera accettazione del dono stesso di Dio, l'uomo giunge alla pienezza della sua persona: in tale accettazione egli si abbandona all'amore di Dio e in tale abbandono opera la sua decisione personale suprema[43].

Il messaggio e la grazia di Cristo pongono, quindi, l'uomo nella situazione di dover prendere una decisione e costituiscono la chiamata ad una esistenza nuova mediante la conversione radicale della mente e del cuore. Alfaro insiste sulla necessità che «l'imitazione di Cristo e la fede in Cristo si implicano e si condizionano reciprocamente»[44]. «Soltanto nell'unità vitale dell'ortodossi e dell'ortoprassi può fondarsi la verificazione totale della fede cristiana»[45].

---

[43] «La exsistencia cristiana tiene, pues, su momento crucial en la decisión de abrirse a la gracia de Dios en Cristo; es "éxodo", salir de sí mismo en la actitud de quien recibe el don absolutamente gratuito de Dios en Cristo, es decir, de quien se entrega incondicionalmente al Dios-Amor: una entrega que implica la renuncia radical del hombre a sí mismo, a la autosuficiencia y al egoísmo, a toda pretensión de salvarse por sí mismo, a toda seguridad basada en el mundo o en lo humano. Esta fue la entrega que realizó plenamente Cristo en su vida y en su muerte; por eso la exsistencia cristiana está marcada por la cruz, por la renuncia que se identifica con la actitud de recibir el don de Dios como pura gracia» J. ALFARO, «Fe y humanismo: visión actual de la vida religiosa», *Confer* 15 (1976) p. 368.

[44] J. ALFARO, *Rivelazione cristiana*, p. 102.

[45] J. ALFARO, «Problematica teologica attuale della fede», *Teol* 6 (1981) p. 228.

CAPITOLO IV

IL TEMA DELLA SPERANZA IN ALFARO

1 - Evoluzione del pensiero di Alfaro sulla speranza

Il tema della speranza è centrale nel pensiero di Alfaro. Nell'investigare cosa dà senso all'esistere umano, egli individua nell'apertura alla trascendenza la categoria antropologica fondamentale e la caratteristica essenziale dell'essere umano e coglie la speranza come «atteggiamento di apertura alla grazia dell'autodonazione e autorivelazione di Dio»[1]; in essa la questione di Dio assume il suo pieno significato e la stessa esperienza di fede trova la sua rilevanza.

Alfaro ha cominciato a trattare della speranza sin dalle prime opere sulle virtù teologali, *Adnotationes in Tractatum de Virtutibus Theologicis,* (ad u.p.), Roma 1956. Luis Francisco Ladaria così afferma in una testimonianza sulla figura e opera di Alfaro:« Fu soprattutto il trattato delle virtù teologali (o dell'esistenza cristiana in fede, speranza e amore, come il p. Alfaro preferiva chiamarlo) che assorbì la maggior parte del suo lavoro. Dalla riforma degli studi teologici nel 1969 fino al suo emeritato nel 1984, lo insegnò tutti gli anni agli studenti del terzo anno di teologia. Forse era il trattato che meglio si adattava alla sensibilità teologica del p. Alfaro, sempre attento alle preoccupazioni e alle esigenze vitali dell'uomo al quale è diretto il messaggio cristiano»[2].

Il trattato classico *De virtutibus Theologicis,* tema costante

---

[1] J. ALFARO, *Dal problema dell'uomo,* p. 289.
[2] L. F. LADARIA, «Una vita dedicata all'insegnamento nel servizio infaticabile alla Chiesa», in *Osservatore Romano,* 18 novembre 1993.

del suo insegnamento, viene progressivamente rielaborato fino a diventare riflessione intorno all'*Esistenza cristiana* e, in particolare, sugli atteggiamenti fondamentali di essa. Un significativo indice del mutamento di prospettiva è dato anche dal cambiamento avvenuto nella terminologia con cui venne designato il corso tenuto da Alfaro all'Università Gregoriana; dalla dicitura di matrice scolastica *De virtutibus theologicis*, si passa, a partire dal semestre invernale 1973-1974, a quella più esistenziale *Existentia christiana in fide, spe, caritate*. I testi di riferimento offerti agli studenti mostrano anche dal punto di vista contenutistico il cambio di ottica. Il primo, *Fides, spes, caritas* (1968), la cui struttura di fondo resta quella del 1963, non presenta una riflessione circa le basi antropologiche su cui poggia l'atto di fede in quanto atto dell'uomo. Il secondo, *Esistenza cristiana* (1975), presenta una trattazione ampia delle strutture antropologiche che sostengono l'esistenza cristiana.

Nella evoluzione del pensiero del nostro Autore appare una nuova prospettiva di fondo, con un'impronta decisamente personalista: alla visione analitica propria dell'indagine scolastica subentra una visione sintetica, più consona alla sensibilità dell'uomo contemporaneo che, immerso nella dispersione del suo vivere e nella parcellizzazione e separazione dei vari aspetti del conoscere, è sempre alla ricerca di un nucleo originante che gli permetta di sperimentare un'unità profonda del suo esistere.

In molte delle opere successive Alfaro ha trattato specificamente della speranza, sia dal punto di vista teologico-cristologico che antropologico. La speranza, quale atteggiamento fondamentale dell'esistenza cristiana, è strettamente connessa con la questione del futuro e dell'avvenire della storia, problematiche tutte che Alfaro affronta coinvolgendole nel suo riflettere attorno alla questione fondamentale della tensione tra immanenza e trascendenza della grazia.

Nella progressiva precisazione delle implicanze di tale tema egli coglie la necessità di pensarlo entro categorie via via più dinamiche e storiche rispetto a quanto aveva fatto nei suoi primi lavori. Questa nuova ottica è data innanzitutto dal riferimento al progresso umano, ma poi, a partire da esso, anche dalla considerazione sul divenire storico nella sua totalità, inclusa la dimensione escatologica, quale fonte di senso per la comprensione della storia stessa. Così il futuro assume un'importanza primaria[3] e Alfaro entra in contatto con le teologie della speranza e con le successive teologie della liberazione. Principale referente filosofico è il pensiero marxista nella rielaborazione di Bloch.

Con riferimento al progresso umano, in *Tecnopolis e Cristianesimo,* in particolare, Alfaro considera la questione dell'attualità del messaggio cristiano per l'uomo d'oggi. Posto che la parola di Dio è rivolta all'uomo «*hic et nunc*»[4], cioè nella sua concretezza, essa deve dire qualcosa di decisivo per l'esistenza dell'uomo nelle circostanze storiche del suo vivere ed agire. La situazione attuale dell'umanità si presenta come una realtà estremamente complessa, in cui spicca come fattore principale e decisivo il progresso della tecnica che garantisce le più ardite speranze, ma che è anche foriero di seri pericoli e di oscure minacce.

Il risultato più importante dello sviluppo tecnico si trova, secondo Alfaro, nella crescente consapevolezza che l'uomo acquista di se stesso, cioè nel progressivo approfondimento della sua libertà: l'uomo si fa e si sa più libero, più se stesso, più conscio di sé come centro e padrone del mondo. Perciò egli vive ed affronta sempre più radicalmente il dilemma cruciale: o liberamente chiudersi dentro l'orizzonte della sua esistenza intramondana limitata dalle frontiere della morte, o aprire la sua libertà all'appello interiore della speranza al di là della morte, cioè all'Assoluto Trascendente, Dio.

Interessante è la valutazione che il nostro Autore compie della *tecnopolis,* essa è sostanzialmente positiva, anche se incombe l'aspetto negativo, la minaccia più grave: «il progresso umano (il dominio del mondo) considerato o vissuto come valore assoluto, come fine a se stesso; non sarà lui a liberare

---

[3] «No puede dudarse de que la importancia primordial que la cuestión del futuro ha logrado en la teología actual». J. ALFARO, «La "resurrección de los muertos" en la discusión teológica sobre el porvenir de la historia», *Greg* 52 (1971) p. 527.

[4] J. ALFARO, «Tecnopolis e cristianesimo», *CivCatt* (1969) II, p. 533.

l'uomo, ma a renderlo il "Prometeo incatenato" senza speranza di liberazione. Lo lascia definitivamente dentro il destino di un'esistenza senza senso, che rappresenta soltanto una fase necessaria della legge cosmica e anonima del divenire, cioè dell'utopia di un avvenire mai raggiunto e sempre più lontano, miraggio fatale di un'impresa disperata»[5]. Egli ribadisce, così, l'inaccettabilità del marxismo, che restringe la persona e la comunità umana nella dimensione storica intramondana e, quindi, nega l'uomo, riducendolo a momento della legge assoluta, impersonale e fatale del divenire storico. Di contro, il nostro Autore afferma la validità della speranza cristiana, capace di dare senso all'esistenza dell'uomo proiettato verso l'avvenire metastorico.

Alfaro tratta specificamente della speranza nell'opera *Speranza cristiana e liberazione dell'uomo*. Con essa vuole presentare uno studio teologico completo che tenga conto di tutte le dimensioni della speranza cristiana: personale, comunitaria, escatologica (escatologia dell'uomo, del mondo e della storia). Egli parte dalla constatazione che il progresso tecnico-scientifico e la società dei consumi minacciano di travolgere l'uomo nel vortice delle aspirazioni immediate e concrete ad un miglior livello di vita, facendogli, contemporaneamente, dimenticare la profonda tensione che spinge l'esistenza umana verso il futuro. Nello stesso tempo, tuttavia, il tema della speranza sta riscuotendo una crescente attenzione da parte della filosofia e della teologia attuali. L'uomo ed il mondo non sono così considerati in rapporto al loro passato o al presente, ma piuttosto in rapporto al loro futuro.

Coerentemente con l'impostazione metodologica da lui propugnata in tutte le sue riflessioni teologiche, egli sostiene che «la teologia della speranza presuppone l'analisi dell'esistenza umana e della comprensione di se stessi che si vive nell'atto del nostro stesso esistere, per scoprire quale relazione vi sia tra l'esistenza dell'uomo e la sua speranza; per vedere cioè se la speranza è qualcosa di marginale per l'uomo o è profondamente

---

[5] J. ALFARO, «Tecnopolis e cristianesimo», *CivCatt* (1969) II, pp. 544-545.

radicata nella sua vita [...] È impossibile conoscere a fondo la struttura propria della speranza cristiana se si ignorano le infrastrutture umane che la condizionano»[6].

In piena adesione a tale assunto metodologico, il primo capitolo della sua opera è dedicato allo studio delle infrastrutture antropologiche della speranza. Egli conduce l'analisi delle strutture dell'esistenza umana che rivelano come l'uomo, posto di fronte alla opzione dello sperare o del disperare, sia aperto alla speranza trascendentale. Così, dal punto di vista antropologico, Alfaro riconosce che l'esistenza umana si manifesta come speranza-sperante, che dischiude il senso del futuro. La dimensione della speranza personale è esaminata in modo concreto nella situazione dell'uomo assoggettato alla drammatica realtà del peccato e della morte; da qui la funzione propria della speranza nella liberazione personale dal peccato e dal potere della morte.

La tensione escatologica della speranza è radicata nell'evento morte-risurrezione di Cristo, culmine dell'incarnazione del Figlio di Dio. Cristo conferisce un senso nuovo e definitivo all'umanità, al mondo ed alla storia.

Il vero adempimento della speranza cristiana, e il conseguente impegno a trasformare il mondo per edificarlo al servizio della fraternità universale, consiste nel continuo sforzo mirato alla liberazione integrale dell'uomo dalla schiavitù, dal peccato e da ogni altra forma di oppressione. Da ciò il compito di dare al mondo «ragione della nostra speranza in Cristo» (1 Pt 3,15), quindi, di comprendere e vivere responsabilmente la speranza cristiana come impegnata nella salvezza totale dell'uomo già da ora, già nella esistenza di ciascuno nel mondo.

Le riflessioni sull'uomo, l'esame sulla struttura antropologica fondamentale e l'analisi delle dimensioni costitutive dell'esperienza umana sono una costante del pensiero di Alfaro, che in questo senso va sempre più approfondendosi ed arricchendosi. Così nelle opere successive assume un peso sempre maggiore l'esplicitazione delle strutture antropologiche che mostrano

---

[6] J. ALFARO, *Speranza cristiana e liberazione dell'uomo*, Brescia 1972, pp. 13-14.

nell'apertura alla trascendenza la caratteristica essenziale dell'essere umano.

L'ultima opera di Alfaro, *Dal problema dell'uomo al problema di Dio* costituisce il culmine del suo lavoro; in essa il tema antropologico diventa il centro di attenzione dell'intera opera. In questa lo scopo perseguito non è tanto quello di mettere in luce singoli aspetti dell'esperienza umana, ma piuttosto quello di andare al cuore della questione dell'uomo, individuando il nucleo più profondo, il centro della comune esperienza dell'esistere umano. Il problema del fondamento antropologico della speranza è così trattato come parte del più vasto problema antropologico che cerca la risposta alla domanda sull'essere dell'uomo (che cos'è l'uomo) cioè sul significato dell'esistenza umana: la vita umana ha o non ha senso? E se ce l'ha, quale è il suo senso ultimo?

Al termine del suo lavoro Alfaro giunge ad affermare che «la responsabilità e la speranza-sperante rappresentano due aspetti inseparabili della libertà umana e della sua trascendenza»[7] e che «l'uomo è costituito in se stesso come fondamentalmente aperto all'eventualità di un'autorivelazione di Dio nella storia»[8]; questo atteggiamento di apertura prefigura l'atteggiamento specifico della fede, della speranza e dell'amore cristiani.

2 - Rapporto tra fede, speranza e carità - Evoluzione della loro nozione

Conviene, ora, soffermarsi su alcune considerazioni svolte da Alfaro circa il rapporto tra le tre virtù teologali: la fede, la speranza e la carità. Di esse il nostro Autore, nello studio della evoluzione della loro nozione, ha sempre evidenziato l'intima connessione e l'inseparabile unità.

A partire dal XII secolo la teologia scolastica ha considerato la fede, la speranza e la carità come delle «virtù» che mettono

---

[7] J. ALFARO, *Dal problema dell'uomo*, p. 289.
[8] J. ALFARO, *Dal problema dell'uomo*, p. 290.

l'uomo in rapporto immediato con Dio e le ha chiamate virtù «infuse» per esprimere così il loro carattere di dono di Dio[9].

Secondo il nostro Autore la tradizionale distinzione analitica e la nozione stessa di virtù «infuse» richiedono una revisione

---

[9] Alfaro ha più volte rammentato che dal XII secolo la teologia scolastica si è servita del concetto aristotelico di «virtù», inteso come «qualità» o «habitus» per spiegare la fede, la speranza e la carità come realtà permanenti ed interiori dell'uomo giustificato. La virtù non procede dagli atti della libertà umana, essa è opera di Dio solo (*opus Dei tantum est*), dono gratuito «infuso» da Dio nell'uomo.

Nel XIII secolo Guillaume d'Auxerre designò la fede, la speranza e la carità come «virtù teologali» in quanto gratuitamente infuse da Dio solo ed ordinate immediatamente verso Dio, fine ultimo dell'uomo.

San Tommaso le considera dal punto di vista del carattere soprannaturale della fine ultima dell'uomo, destinato di fatto da Dio all'unione immediata con Lui nella visione. L'uomo non può raggiungere con le sue sole facoltà spirituali naturali la visione di Dio; per conseguenza è necessario che la sua intelligenza e la sua volontà siano elevate in maniera permanente con il dono creato e gratuito della fede, della speranza e della carità. San Tommaso applica a queste i caratteri aristotelici di «qualità» e di «habitus»: realtà gratuitamente creata da Dio, intermediaria tra le facoltà e i suoi atti, e che perfeziona, eleva ed inclina le facoltà verso il fine proprio dell'uomo: la visione di Dio. Esse sono quindi «infuse» gratuitamente da Dio (e non acquisite) nelle facoltà spirituali dell'uomo e le ordinano tendenzialmente verso Dio stesso; così il dinamismo naturale dello spirito si trova finalizzato dall'interno verso la visione di Dio.

Il Concilio di Trento, sottolineando il carattere interno e permanente della grazia giustificante, così come della fede, speranza, carità, ad essa inerenti, non specifica le modalità del loro rapporto e non fa mai ricorso al concetto scolastico di «qualità» ed ha sempre deliberatamente evitato i termini «habitus» o «habitualiter».

Occorre, inoltre, rilevare l'assenza, praticamente totale, di tale terminologia nei documenti del Magistero ecclesiastico; essa vi figura solo in due occasioni: nella Costituzione di Benedetto XII *Benedictus Deus*, del 1336 (che solo marginalmente al discorso usa il termine «virtù teologali») ed in un passo della Costituzione Dogmatica del Concilio Vaticano I, *Dei Filius*, nel quale si definisce la fede «virtù soprannaturale», senza però impegnarsi a specificare il concetto di virtù.

La concezione della fede, della speranza e della carità come «qualità infuse», «habitus infuso» e la loro designazione con il termine di «virtù» appartengono dunque al campo della libera discussione teologica; il Magistero della Chiesa non l'ha imposta mai.

perché non coincidono più con l'esperienza dell'uomo moderno né con la sua maniera di pensare e di esprimersi. Appare necessario cercare una comprensione teologica nuova dell'esistenza cristiana, basata sull'unità della sua realtà vivente, e presentarla con concetti e linguaggio adeguati alla nostra epoca, senza, però, sacrificare la ricchezza del pensiero classico. La condizione indispensabile per tale nuova comprensione è quella di porsi nella prospettiva di prefigurare «la struttura propria dell'esistenza cristiana come fede, speranza e carità: risposta dell'uomo alla parola ed alla grazia di Dio in Cristo in una autodonazione totale di assenso, fiducia e amore»[10].

Così, dal punto di vista teologico e cristologico, come anche da quello antropologico, la fede, la speranza e la carità appaiono come tre diversi aspetti, ma strettamente uniti nell'essere dell'uomo cristiforme sotto il primato della carità. Rivelazione, promessa e amore di Dio per gli uomini in Cristo sono, quindi, solo delle espressioni umane, distinte tra loro, per designare, con il massimo dello sforzo ma con tutta l'inadeguatezza ed approssimazione umane, uno stesso atteggiamento di Dio, un unico evento: il dono che Lui ha fatto di se stesso. «L'unità dell'evento è l'identità di un evento inscindibile (unico ed irripetibile, perché supremo) che si chiama rivelazione in quanto manifestato nella storia, si chiama promessa in quanto riferito alla salvezza ventura, si chiama amore in quanto radicato nella autocomunicazione di Dio in se stesso»[11].

L'evento di Cristo è da se stesso la rivelazione definitiva, la promessa ultima, l'amore supremo di Dio all'umanità; in esso la parola, la promessa e l'autodonazione si implicano a vicenda. La risposta dell'uomo deve rispecchiare effettivamente questa totalità-unità nella mutua implicanza vitale della fede, speranza, carità[12].

---

[10] J. Alfaro, *Rivelazione cristiana*, p. 120.
[11] J. Alfaro, «Problematica teologica», p. 224.
[12] «La structure existentielle originaire de tout acte de réponse au Dieu de la grâce implique par conséquent, comme aspects inséparablement conjoints, la connaissance de ce que Dieu a fait pour nous dans le Christ, l'abandon confiant à la parole de sa promesse, l'attente du salut futur, l'amour

Fede, speranza e carità sono quindi mutuamente immanenti, come aspetti diversi di un solo e identico atteggiamento, che in fondo è amore. Tra di loro non v'è alcuna priorità né di tempo, né di origine; è, infatti, impossibile credere senza sperare e amare, né sperare senza credere e amare, né amare senza credere e sperare. La fiducia appare, poi, come l'atteggiamento costitutivo e capace di accomunare in modo vitale le tre virtù.[13]

La fede, la speranza e la carità, sono «aspetti diversi di un solo atteggiamento fondamentale, radicato nell'amore: credere, sperare ed amare equivalgono in fondo ad affidarsi, abbandonarsi, darsi alla grazia dell'autocomunicazione di Dio in Cristo. La fede guarda alla realtà già compiuta nell'evento di Cristo; la speranza alla pienezza della salvezza futura, mentre l'aspetto proprio della carità è il presente della comunione di vita con Dio, che ha il suo compimento nell'amore del prossimo»[14].

Ne consegue che alla promessa di Dio corrisponde la dimensione propria della speranza, come attesa della salvezza ventura, ma la speranza include pure essenzialmente la fiducia e il desiderio della piena comunione di vita con Dio e perciò implica in se stessa la fede e l'amore.

Grazie ad un radicale cambio di prospettiva, Alfaro passa, così, da un discorso intorno alle virtù teologali ad una riflessione sugli atteggiamenti fondamentali dell'esistenza cristiana. La terminologia scolastica e la sua visione analitica, che presupponeva una percezione armonica della realtà, lasciano il posto ad

---

(au moins initial) pour le Dieu-amour. La séparation existentielle de ces dimentions est impensable. Toutes ensemble elles forment une unité vitale indivisible dans chaque réponse de l'homme à l'acte salvifique de Dieu en Jésus-Christ. Pour autant que la réponse de l'homme comprend l'affirmation de ce que Dieu a réalisé dans le Christ, elle s'appelle foi; comme incluant la tendance à l'avenir de Dieu dans le Christ, elle se nomme espérance; en tant qu'elle implique au moins le désir de la rencontre filiale avec Dieu, elle est dite charité» J. ALFARO, «Attitudes fondamentales de l'existence chrétienne», *NRTh* 105 (1973) p. 708.

[13] «Elles sont unies vitalement toutes trois entre elles par leur dimension commune, la confiance» J. ALFARO, «Attitudes fondamentales de l'existence chrétienne», *NRTh* 105 (1973) p. 712.

[14] J. ALFARO, *Rivelazione cristiana*, p. 124.

un pensiero di impronta decisamente personalista e ad una visione sintetica dell'esistenza cristiana, più consoni alla sensibilità dell'uomo contemporaneo e che permettono anche di raccogliere i risultati dell'analisi tradizionale, al di là dei suoi limiti[15].

3 - Esistenza cristiana nella fede, speranza e carità

La prospettiva sintetica delle tre virtù, che considera l'implicazione reciproca della fede, della speranza e della carità come aspetti dell'atteggiamento fondamentale con cui riceviamo e riconosciamo quale dono assoluto la grazia, spinge Alfaro ad investigare direttamente la realtà vissuta nell'esperienza dell'esistenza cristiana, considerata nella sua totalità-unità; cioè, nell'interrogarsi su come la grazia, costitutivo più profondo della persona, mette in movimento il dinamismo del vivere cristiano.

Viene così rivisitato il tema classico della grazia creata che l'impostazione scolastica aveva condotto a pensare come condizione e non come conseguenza della inabitazione dello Spirito nell'uomo giustificato[16], lasciando in ombra la realtà più propria dell'uomo giustificato: il rapporto personale dialogico tra l'uomo e Dio.

Considerato che il concetto classico di «qualità», *habitus*, per spiegare la grazia creata, ha come tratto caratteristico quello di frapporre un'entità creata permanente tra l'autodonazione di Dio, attraverso Cristo, nello Spirito e la risposta con la quale

---

[15] Il limite di tale impostazione viene, secondo Alfaro, dalla marcata accentuazione del riferimento delle singole virtù teologali alle facoltà proprie dell'uomo, tale da misconoscere la dimensione fiduciale che le accomuna e la necessità di comprendere la grazia per riferimento a Cristo prima che alla struttura ontologica dell'uomo. La distinzione appare talmente accentuata da condurre fino all'incomprensione della relazione reciproca.

[16] Pensando alle virtù teologali come condizione creata per la possibile relazione dell'uomo con Dio si può capire come tale condizione possa permanere al di là della relazione vissuta: così si pensa alla possibilità della fede e della speranza senza la carità.

l'uomo accoglie tale autodonazione, Alfaro si domanda se sia necessario ricorrere a tale entità creata intermedia.[17]

Il concetto di «opzione fondamentale»[18] gli permette di superare questo ostacolo; tramite esso è possibile comprendere il carattere interiore, permanente, dinamico e gratuito della grazia senza dover frapporre alcuna realtà creata tra la chiamata interiore e la risposta dell'uomo all'amore di Dio.

L'uomo, pensato essenzialmente come libertà, è colui che perviene alla coscienza della propria identità personale, nell'orizzonte di una decisione che, di fronte all'autodonarsi di Dio, comunicatogli in Gesù Cristo, impegna totalmente la vita nell'opzione di fede. «La decisione di fede, quale accettazione della grazia di Cristo, avviene al livello più profondo della libertà. La grazia è essenzialmente invito interiore all'amore e, per questo, si inserisce nell'interiorità suprema della libertà, che è l'amore [...] La grazia di Cristo innalza la libertà dell'uomo al suo punto culminante, rendendola capace del dialogo d'amore con Dio. Nella libera accettazione del dono stesso di Dio, l'uomo giunge alla sua pienezza come persona; appunto in tale accettazione, egli si abbandona all'amore di Dio e in tale abbandono opera la sua decisione personale suprema»[19].

Secondo Alfaro è, dunque, possibile concepire il carattere interiore, permanente, dinamico e gratuito della grazia creata senza ammettere alcuna altra realtà che quella della chiamata interiore e della risposta radicale dell'uomo all'amore di Dio, nel Cristo, attraverso lo Spirito. Non v'è bisogno di alcuna entità creata permanente, intermediaria tra la chiamata e la risposta. La teologia classica ha fatto ricorso alla grazia abitua-

---

[17] «La question se trouve ainsi délimitée: est-il nécessaire de recourir à cette entité créée intermédiaire pour la compréhension théologique de la doctrine biblique sur la justification et sur la présence permanente de la foi, de l'espérance et de la charité dans l'homme justifié?» J. ALFARO, «Attitudes fondamentales de l'existence chrétienne», *NRTh* 105 (1973) p. 727.

[18] «Option fondamentale, comme réponse d'amour sincère à l'amour de Dieu en Jésus-Christ par l'Esprit» J. ALFARO, «Attitudes fondamentales de l'existence chrétienne», *NRTh* 105 (1973) p. 728.

[19] J. ALFARO, *Rivelazione cristiana*, p. 101.

le e agli *habitus* della fede, della speranza e della carità, ma tutto ciò non è assolutamente richiesto dalla rivelazione biblica.

L'opzione fondamentale non è riferibile alle singole decisioni in cui si articola la storia dell'uomo. È però ad esse intrinsecamente connessa, comunicando loro la propria consistenza di decisione carica del contenuto più denso della vita. Essa è così constatabile, ma non confondibile con i singoli atti della nostra vita. All'opzione fondamentale corrispondono gli atteggiamenti fondamentali, i quali poi ispireranno le singole decisioni di cui è intessuta la concreta esistenza cristiana.

Come la grazia non è un'altra natura, ma ciò per cui il fondamento spirituale costitutivo dell'essere umano è già aperto alla relazione con Dio, gli atteggiamenti fondamentali di fede, speranza e carità non vanno pensati accanto alle facoltà spirituali dell'uomo, ma costituiscono la finalizzazione di queste stesse facoltà a vivere nel dono della relazione con Dio. Alfaro ha, anzi, precisato che «piuttosto che di tre atteggiamenti distinti dell'esistenza cristiana, dovremmo parlare di tre dimensioni di uno stesso atteggiamento fondamentale»[20]. Egli riconosce che la sua revisione critica della teologia classica costituisce un nuovo tentativo di comprensione della dottrina biblica, che mette in rilievo la chiamata interiore quale aspetto esistenziale dell'uomo salvato da Cristo e l'opzione fondamentale che implica l'atteggiamento della fede, della speranza e della carità[21].

4 - Esistenza nella speranza

«Alla promessa di Dio in Cristo corrisponde la dimensione

---

[20] J. ALFARO, *Rivelazione cristiana*, p. 171.

[21] «Notre révision critique de la conception théologique classique de la justification comme "infusion" de "qualités" et d' "habitus" a présenté un essai nouveau de compréhension de la doctrine biblique touchant la dimension créée de la grâce: appel intérieur comme "existential" de l'homme sauvé par le Christ, et "option fondamentale" qui implique l'attitude de la foi, de l'espérance et de l'amour» J. ALFARO, «Attitudes fondamentales de l'existence chrétienne», *NRTh* 105 (1973) p. 730.

propria della speranza, come attesa della salvezza futura»[22]. La speranza è il corrispettivo esistenziale della struttura costitutiva dell'uomo quale essere aperto, è un atteggiamento fondamentale dell'esistenza umana, in essa è dischiuso il senso del futuro.

Nella presentazione della *Speranza cristiana e liberazione dell'uomo*, Alfaro rileva che «l'interesse della teologia attuale circa la speranza ha il suo centro nel problema del futuro dell'uomo e della storia, cioè nella dimensione escatologica della speranza. È un punto di vista tanto importante quanto urgente, ma che non cessa, per questo, di essere parziale. La speranza dell'uomo la si trova pure nella dimensione personale dell'esistenza umana, cioè nella drammatica realtà del peccato e della morte. Di conseguenza non si può prescindere dalla funzione della speranza cristiana nella liberazione personale dal peccato (giustificazione) e dal potere della morte»[23].

Alfaro si domanda, però, qual è l'atteggiamento umano che ha valenza di speranza; poiché essa tende al futuro, ha intrinsecamente un dinamismo, conduce ad un sviluppo, ma qual è l'orientamento? «L'incapacità dell'umanità a raggiungere, da se stessa, il suo futuro definitivo [...] e la sua insopprimibile aspirazione a un avvenire che si trova sempre al di là di ogni sua realizzazione intramondana [...] pongono la comunità umana (in ciascuno dei suoi membri) di fronte alla scelta di chiudersi negli avvenire immanenti (sempre limitati e provvisori) del suo indefinito progresso intramondano, o di aprirsi alla possibilità dell'avvenire assoluto e trascendente, che l'uomo non potrà conquistare con le sue forze ma ricevere unicamente come dono: la pienezza definitiva del divenire storico può giungere solamente come grazia»[24]. La speranza appare tale solamente quando il divenire storico dell'uomo è reale attuarsi di un futuro che l'uomo non può darsi, dunque non già implicito nell'immanenza storica, ma che riceve come dono trascendente e che tuttavia avviene nell'aprirsi libero dell'immanenza umana alla trascendenza.

---

[22] J. Alfaro, *Rivelazione cristiana*, p. 124.
[23] J. Alfaro, *Speranza cristiana*, p. 7.
[24] J. Alfaro, *Speranza cristiana*, p. 28.

Da qui egli passa a riconoscere che la struttura della speranza ha la sua verità nel rapporto tra immanenza e trascendenza cristologicamente compreso, cioè a partire dall'evento escatologico di Gesù Cristo. L'originalità della escatologia e della speranza cristiana proviene dal carattere unico ed irripetibile dell'evento di Cristo, un evento che è indivisibilmente compimento e promessa, cioè che ha in se stesso il senso di anticipazione dell'avvento definitivo di Dio.

L'escatologia cristiana è inscindibilmente costituita di presente e di avvenire: il presente, anticipazione del *novum ultimum*, la pienezza ventura. Cristo, Colui che verrà, sta già venendo mediante il dono del suo Spirito: Dio sta anticipando la grazia assoluta del suo avvento. Una escatologia immanente-trascendente nella tensione dialettica dell'«adesso» e del «non-ancora». All'evento di Cristo e alla escatologia creata da Lui corrisponde la risposta della fede-speranza, fede nel già compiuto, speranza dell'avvenire ultimo quale dono assoluto di Dio. La storia resta affidata alla responsabilità dell'uomo, sotto il segno dell'attesa dell'*eschaton*, quale grazia assoluta di Dio.

L'esistenza cristiana è perciò esistenza escatologica, rivolta all'avvento di Dio, e la speranza, nella sua dialettica di fiducia e di attesa, costituisce uno degli atteggiamenti fondamentali dell'esistenza cristiana.

Anche nel trattare questo tema, visto nella sua specificità e, allo stesso tempo, nella sua inscindibile connessione con la fede e la carità, Alfaro, fedele alla sua impostazione metodologica, parte dalla testimonianza della speranza nell'esperienza biblica e ne cerca lo sviluppo nella teologia, per giungere alla comprensione attuale dell'esistenza cristiana, cioè dell'esistenza umana configurata dalla fede, dalla speranza e dall'amore fondati in Cristo. Nella presentazione della *Speranza cristiana e liberazione dell'uomo*, egli afferma che questa sua opera vuole essere «un tentativo di comprendere e di esprimere coi concetti e col linguaggio del nostro tempo il contenuto della rivelazione neotestamentaria circa l'atteggiamento cristiano della speranza [...] Si parte dai dati del Nuovo Testamento affinché siano la norma decisiva e permanente di tutta la riflessione teologica che ne segue. La teologia cattolica del passato (come pure, in buona parte, del presente) ha avuto il grave torto di non prendere il dato biblico nel suo insieme come insostituibile punto di partenza delle sue indagini speculative. È necessario, oggi, superare questa situazione che impoveriva la stessa riflessione teologica [...].[Questo libro sul tema della speranza cristiana] vuole essere uno studio teologico completo, che tenga conto di tutte le fondamentali dimensioni della speranza cristiana: personale, comunitaria, escatologica (escatologia dell'uomo, del mondo, della storia)»[25].

5 - Nozione biblica della speranza

Alfaro riflette sulla speranza, quale attesa della salvezza, così come viene testimoniata nella Scrittura, che porta ad incontrare l'esperienza cristiana nella sua unitarietà e che «dà all'uomo una visione totale della sua esistenza umana, incentrata in Cristo come mediatore tra Dio e gli uomini, primogenito della comunità umana e Signore della creazione»[26].

Egli rileva che Israele ha vissuto e compreso la sua storia come creata e sostenuta dalla promessa di YAHVE, l'unico Salvatore, l'unico Dio. Le tappe fondamentali della storia della salvezza vengono contrassegnate dalle rinnovate rivelazioni e promesse di YAHVE. Alla parola di Dio corrisponde la fede di Israele: «il credere a Dio», alla promessa corrisponde la speranza: «lo sperare in Dio». La fede e la speranza di Israele vanno sempre strettamente unite nella loro dimensione comune di abbandono fiducioso alla parola-promessa di YAHVE.

La speranza veterotestamentaria viene espressa nei suoi diversi aspetti da una ricca terminologia[27] che indica attesa

---

[25] J. ALFARO, *Speranza cristiana*, p. 7.
[26] J. ALFARO, *Rivelazione cristiana*, p. 107.
[27] Le radici verbali *batah* (avere fiducia, sentirsi sicuro, affidarsi) e *hasah* (cercare rifugio e sicurezza, confidare) appaiono soprattutto nei Salmi ed esprimono la fiducia della speranza. Le radici verbali *qawah, hakah, yahal* esprimono l'attesa perseverante e bramosa, ne indicano la tensione e il desiderio della salvezza.

fiduciosa, rivolta alla fedeltà e alla potenza salvifica di YAHVE, il Dio dell'alleanza: YAHVE è la speranza di Israele (Ger 14,8; 17,13). È una speranza che si risolve in un atteggiamento di fiducia nella promessa di Dio (Ger 20,11; 31,17; Sal 61,4; 71,5): una fiducia che non poggia su niente di tutto ciò che l'uomo può calcolare, ma soltanto su Colui di cui egli non può disporre, su Dio (Is 7,4; 51,5; 12,2; Sal 52,11; 121,4; Pr 21,1). La speranza è un atteggiamento attivo, una perseveranza virile e coraggiosa (Sal 27,14), nell'attesa di Dio e nella certezza che la fiducia in Lui non sarà delusa (Sal 25,2; 31,7.15; 69,7; 119,116; Is 49,23). La forza dell'attesa perseverante in Dio proviene dalla fiducia in Lui (Is 40,31).

Anche se la speranza veterotestamentaria, comunitaria e individuale, è rimasta durante secoli dentro le frontiere di un futuro intramondano (Es 3,8.17; 6,4; Dt 1,8; Sal 9,19; 53,6; Gb 4,6; 8,13; Pr 10,28; 23,18), lo slancio della fiducia in Dio non conosce limiti. Proprio nella comunione con Dio, vissuta nell'esperienza di questa fiducia sconfinata, è stato presentito l'avvenire della salvezza dopo la morte: « Ma io sono con te sempre: tu mi hai preso per la mano destra. Mi guiderai con il tuo consiglio e poi mi accoglierai nella tua gloria. Chi altri avrò per me in cielo? Fuori di te nulla bramo sulla terra. Vengono meno la mia carne e il mio cuore; ma la roccia del mio cuore è Dio, è Dio la mia sorte per sempre [...] Il mio bene è stare vicino a Dio: nel Signore Dio ho posto il mio rifugio» (Sal 73, 23-28).

Nella esperienza privilegiata della loro comunione personale con Dio, i profeti hanno annunziato, nel disastro nazionale d'Israele, la promessa di una speranza nuova: «il giorno del Signore», l'atto salvifico definitivo di Dio, l'avvenire di una salvezza di portata illimitata che sarà instaurata dal Messia, l'Unto di YAHVE. La conoscenza esplicita della salvezza dopo la morte è apparsa solo nel secolo II a.c. (Dn 12,2; 2 Mac 7,9-11; 14, 20-24; 14,46; cf. Sap 3,1-9; 5,5.15-16).

«Non c'è dubbio che i vangeli sinottici, benché non applichino a Gesù il titolo di profeta, presentano la sua missione come simile e superiore a quella dei profeti d'Israele [...] Nella persona e nel messaggio di Gesù si realizza la rivelazione definitiva di Dio, annunciata dai profeti»[28].

Il messaggio di Gesù è incentrato sull'avvento del Regno di Dio: la Buona Novella della salvezza (Mc 1,14-15; 2,10; 9,45-47; 10, 25-26). «Risuonò per la prima volta il messaggio, tanto semplice quanto sublime, del profeta nazareno. Marco ce lo trasmette nella sua forma originaria: "il tempo è compiuto e il regno di Dio è vicino; convertitevi e credete al vangelo" (Mc 1,15). Era un *messaggio di speranza*, della speranza nel compimento già presente nelle promesse di JAVHE: *sta giungendo la salvezza*»[29].

Ma la novità della Buona Novella annunziata da Gesù comprende anche il vincolo del Regno alla persona stessa di Gesù: il nuovo atto di grazia, atteso dai profeti, si sta compiendo nella vicenda di Gesù. La fiducia nella potenza salvifica di Dio si rivolge verso Gesù stesso (Mc 1,40; 9,22-24; Mt 8,8; 9,28). Proprio nella fedeltà alla sua missione di annunziare l'avvento del Regno, Gesù ha superato la tentazione di un messianismo mondano (Lc 4,4-13; Mt 4,4-10). Questo atteggiamento dinanzi alla sovranità di Dio e di fiducia nella Sua parola lo ha portato alla morte (Mc 8,33; Mt 16,23). Nella sua morte Gesù ha vissuto nel modo più radicale la speranza del giusto in Dio, affidandosi incondizionatamente al Padre suo (Mc 14,26-42; Mt 26,36-46; 27,46; Lc 22,39-46; 23,46).

La tradizione più antica del kerygma apostolico mostra che l'evento della morte e della risurrezione di Gesù è stato inteso dalla fede della Chiesa primitiva quale evento-compimento delle promesse veterotestamentarie, cioè come atto salvifico definitivo di Dio (1Cor 15,3-4), ma anche quale evento-promessa: il Risorto è Colui che verrà alla fine dei tempi. «I più antichi scritti neotestamentari testimoniano che le prime comunità cristiane vivevano della fede nella risurrezione di Cristo e della speranza nella sua manifestazione futura e ultima»[30].

Sin dall'inizio, dunque, la fede nel compimento definitivo

---

[28] J. ALFARO, *Rivelazione cristiana*, pp. 67-68.
[29] J. ALFARO, *Rivelazione cristiana*, p. 180.
[30] J. ALFARO, *Rivelazione cristiana*, p. 203.

delle promesse va unita alla speranza del *novum ultimum*, anticipato nella risurrezione di Cristo (1Cor 1,7; 1Tes 1,10). Sorgeva così la speranza cristiana, una speranza nuova in quanto fondata nell'evento salvifico definitivo già compiuto e perciò anticipativo dell'avvento futuro di Dio.

La speranza cristiana occupa un posto di rilievo nella teologia paolina; in essa l'esistenza cristiana si condensa nella «fede-speranza-carità» (1Cor 13,13; 1Tes 1,3-4; Rm 15,13; Gal 5,5-6; Col 1,4.5; 1Tim 6,11; 2Tim 3,10; Tit 2,2). La speranza caratterizza i cristiani, come la mancanza di essa i pagani (Rm 12,12; 1Tes 4,13; Ef 1,12; 2,12).

La speranza cristiana non conosce limiti, perché si fonda nella morte e risurrezione di Cristo, quell'evento in cui Dio ha compiuto e rivelato l'atto supremo di amore (Rm 5,5-11; 8,31-39; Ef 1,4-6; 2,4-6): In realtà tutte le promesse di Dio in lui sono divenute *sì* (2Cor 1,20). Il disegno salvifico di Dio si è compiuto definitivamente nell'incarnazione, morte e risurrezione del suo Figlio (Rm 11,13; Gal 4,4; Ef 1,3-14; 3,4-13; Col 2,3-16). Perciò «la nostra speranza è Cristo» (Ef 1,12; 3,12-16; Col 1,27; 1Tim 1,1), l'evento totale di Cristo: la sua venuta al mondo nella nostra condizione mortale, la sua morte per noi, la sua risurrezione quale primogenito di tutta l'umanità (Rm 8,3; 2Cor 8,9; Fil 2,7; Rm 6,12; 7,24; Gal 2,20; Rm 8,29; 1Cor 15,20-23; Col 1,18).

La risurrezione ha conferito a tutto l'evento di Cristo il carattere del «una volta per tutte» (Rm 6,10), cioè dell'unico e irripetibile. Cristo porta quindi in se stesso la dimensione dell'ultimo e definitivo: l'*eschaton*. La sua venuta al mondo nella nostra condizione mortale si compie nella croce per raggiungere il suo momento definitivo nella risurrezione: Gesù risorto «vive per Dio» (Rm 6,10; 8,3; 1,3-4; Fil 2,5-11).

A motivo della solidarietà inclusiva di Cristo con tutta l'umanità (Rm 5,15-20; 1Cor 15,20-23; 1Tim 2,5), l'evento della sua venuta al mondo, della sua morte e risurrezione, ha carattere escatologico per tutta l'umanità: tutto è stato ricapitolato da Dio in Cristo (Ef 1,10).

La speranza cristiana, fondata in Cristo, sorge dal dono dello Spirito (Rm 15,13; 8,23; Gal 5,5): è lo Spirito a suscitare nel cuore del credente la fiducia filiale in risposta di speranza all'amore di Dio, compiuto in Cristo (Rm 5,5; 8,14-16; Gal 4,5-7). Mediante lo Spirito l'uomo riceve la comunione di vita con Cristo, come anticipazione della partecipazione ventura alla gloria del Risorto (Rm 6,11; 8,2; Gal 2,20; 1Cor 6,17-19; Ef 3,14-17). «Giustificati nella fede» vuol dire che «nella speranza noi siamo stati salvati» (Rm 5,1; 8,24), perché la presenza dello Spirito è nel credente non soltanto garanzia e possesso iniziale della risurrezione futura (Rm 8,23; 2Cor 1,22; 5,4-5; Ef 1,14), ma anche principio vitale di essa (Rm 8,11.14-17; Gal 4,6-7; 6,8). La speranza cristiana anticipa la futura pienezza di vita nella risurrezione (Col 2,12; 3,1; Ef 2,6).

La terminologia paolina rende visibili i diversi aspetti della speranza cristiana: «a) l'attesa della salvezza futura, nella definitiva rivelazione di Cristo glorificato; b) la fiducia nella promessa di Dio mediante Cristo; c) il coraggio paziente e perseverante, che non cede allo scoraggiamento nelle tribolazioni ma rimane saldo nella promessa divina; d) l'atteggiamento di libertà e di audacia di spirito che confida e si gloria unicamente nell'amore e nella potenza salvifici di Dio mediante Cristo»[31].

La fiducia nella grazia di Dio in Cristo e l'attesa perseverante della salvezza futura costituiscono, dunque, l'unità vitale della speranza. In essa San Paolo sottolinea la rinuncia ad ogni autosufficienza (ad ogni intento di salvarci da noi stessi, ad ogni sicurezza in tutto ciò di cui l'uomo può disporre), per fare affidamento unicamente sulla fedeltà e la potenza di Dio rivelate nella risurrezione di Cristo. Nel fiducioso abbandono all'amore di Dio in Cristo l'uomo riceve la grazia della sua liberazione dal peccato e dalla morte: egli viene salvato anticipatamente nella speranza.

San Paolo presenta strettamente unite la fede e la speranza e sottolinea vigorosamente la presenza immanente della speranza nella fede in Rm 4,18-22. Abramo ebbe fede sperando contro ogni speranza, per la promessa di Dio «non esitò con incredulità, ma si rafforzò nella fede e diede gloria a Dio, pienamente

---

[31] J. ALFARO, *Speranza cristiana*, p. 38.

convinto che quanto egli aveva promesso era anche capace di portarlo a compimento. Ecco perché gli fu accreditato come giustizia». San Paolo è consapevole della tensione della speranza tra il «già adesso» della giustificazione e il «non-ancora» della salvezza ventura nella risurrezione: nella fede-speranza l'uomo riceve il dono dell'adozione filiale quale pegno anticipativo della grazia ultima della risurrezione.

La dimensione più profonda della fede-speranza è l'affidamento incondizionato all'amore di Dio in Cristo, il riconoscimento vissuto della grazia assoluta della giustificazione e della salvezza. Pure nella salvezza ventura la speranza rimarrà (1Cor 13,12): la grazia della salvezza compiuta non si risolverà in un possesso dell'uomo, ma continuerà ad essere ricevuta nell'abbandono della fiducia piena all'amore di Dio. Proprio in questo atteggiamento della speranza il credente riceve anticipatamente la salvezza: «Nella speranza noi siamo stati salvati» (Rm 8,24). La gioia della speranza (Rm 12,12) è la gioia di un'esistenza salvata. «In nessun passaggio del Nuovo Testamento è espressa la fermezza della speranza cristiana così vigorosamente come in Rm 8,31-39 [...] In questa pericope il tema della speranza cristiana, dominante tutto il capitolo VIII della Lettera ai Romani trova il suo momento culminante. I cristiani hanno motivo di sperare perché Cristo li ha liberati dal dominio del peccato e della morte (Rm 8,1-4; cf. 5,1-2); hanno già ricevuto la nuova vita mediante lo Spirito di Cristo come principio vitale della risurrezione futura (Rm 8, 9-11; cf. 6,7-11). Il dono dello Spirito li ha realmente costituiti "figli di Dio" ed eredi della gloria di Cristo (Rm 8,14-18). Possedendo fin d'ora le "primizie dello Spirito", attendono la salvezza definitiva alla quale parteciperà tutta la creazione: "siamo stati salvati nella speranza" (Rm 8,19-25). Lo stesso Spirito fortifica la speranza dei cristiani, ispirandoli interiormente nella loro orazione a Dio (Rm 8,26-27), e Dio stesso, con la gratuita iniziativa del suo amore li ha chiamati a partecipare alla gloria di Cristo (Rm 8,28-30)»[32].

Dinanzi a tutte queste manifestazioni dell'amore del Padre,

---

[32] J. ALFARO, *Speranza cristiana*, p. 57.

S. Paolo rimane tutto preso d'ammirazione e d'entusiasmo: «Che diremo dunque in proposito?». Continuando esprime la sua fiducia illimitata nell'amore del Padre: «Se Dio è per noi, chi sarà contro di noi? Egli che non ha risparmiato il proprio Figlio, ma lo ha dato per tutti noi, come non ci donerà ogni cosa insieme con lui? Chi accuserà gli eletti di Dio? Dio giustifica. Chi condannerà? Gesù Cristo, che è morto, anzi, che è risuscitato, sta alla destra di Dio e intercede per noi? Chi ci separerà dunque dall'amore di Cristo? Forse la tribolazione, l'angoscia, la persecuzione, la fame, la nudità, il pericolo, la spada? [...] Ma in tutte queste cose noi siamo più che vincitori per virtù di colui che ci ha amati» (Rm 8,31-37). L'esperienza di fiducia incrollabile, espressa in forma interrogativa nei versetti 31-37, prende forma affermativa nel versetto 38: «Io sono infatti persuaso che né morte né vita [...] né presente né avvenire [...] né alcun altra creatura potrà mai separarci dall'amore di Dio, in Cristo Gesù, nostro Signore».

Tutto nel capitolo VIII (il contesto, la forma letteraria, il contenuto, il significato delle parole) esprime la certezza fiduciale della speranza. Alfaro opera un raffronto tra Rm 8,31-39 e Rm 5,5-11 e ancora con Gal 4,6 e Rm 8,14-17, per dedurne che «la certezza della speranza cristiana, basata sull'infinito amore di Dio mediante Cristo e suscitata dall'azione interiore dello Spirito, implica l'intima esperienza che Dio è realmente nostro Padre e consiste nella fiducia filiale, senza riserve, nell'amore di Dio: l'amore di Dio per noi viene esperimentato nel nostro abbandono di fiducia filiale a Dio. È una certezza vissuta nella stessa decisione cosciente di abbandonarci incondizionatamente all'amore di Dio, di porre la nostra esistenza nelle sue mani e sperare, così, unicamente da Lui la grazia della nostra salvezza»[33].

La teologia paolina afferma chiaramente «la responsabilità personale di ogni credente riguardo alla propria salvezza. I cristiani sono sottoposti alla tentazione [...] Ognuno sarà giudicato da Dio secondo le sue opere; solamente Dio conosce intima-

---

[33] J. ALFARO, *Speranza cristiana*, p. 61.

mente il cuore dell'uomo [...] La certezza della speranza, secondo S. Paolo, non è, dunque, una certezza intellettuale della sincera risposta personale alla grazia di Dio in Cristo, né dell'avvenimento futuro della salvezza personale, ma la ferma fiducia dell'amore immenso di Dio, rivelato in Cristo. Il cristiano non riceve il dono della giustificazione e nemmeno sarà salvato senza la sua libera risposta all'amore di Dio; né può essere certo di questa risposta. La sua sicurezza non risiede in lui, ma unicamente in Dio»[34].

L'autore della Lettera agli Ebrei presenta una visione della speranza cristiana molto simile a quella paolina. Egli sottolinea l'unità di tutto l'evento di Cristo dalla sua venuta al mondo alla morte-risurrezione (Eb 2,9-18; 4,15; 7,24-26; 9,11-12. 24-28; 10,12-14) e il carattere unico e irripetibile, escatologico, di esso: «una volta per sempre» (Eb 7,27; 9,12.28; 10,10.12). La solidarietà di Cristo con tutta l'umanità (Eb 2,10-15; 3,14) conferisce al suo evento carattere salvifico-escatologico per noi. Cristo è il nostro «precursore» (Eb 6,20), non solo in quanto ci ha preceduti nel cammino verso la risurrezione, ma quale «capo» e «causa» della salvezza ventura (Eb 2,10; 5,9). La speranza cristiana è fiducia incrollabile nella fedeltà di Dio, compiuta «una volta per sempre» in Cristo, e attesa perseverante della sua rivelazione gloriosa (Eb 3,6; 4,16; 6,11; 9,28; 10,19-25.35-36). La fede e la speranza vanno inseparabilmente unite, perché ambedue guardano verso la salvezza ventura, suggellata dalla promessa di Dio in Cristo (Eb 10,19-25; 11,1.7.9-10.13-16.19.26.32-40; 12,1-3).

Il IV Vangelo continua e completa, con accenni originali, la visione ed il messaggio di Gesù lasciatoci dai Sinottici, da S. Paolo e dalla Lettera agli Ebrei. La morte di Cristo è la suprema manifestazione dell'amore di Dio per l'uomo peccatore, per essa gli uomini riceveranno la vita eterna. L'avvenimento della morte di Cristo è presente in tutto il IV Vangelo come il momento culminante della sua esistenza («l'ora» di Gesù). Giovanni, nel sottolineare, con particolare enfasi, che Gesù diede la sua

---

[34] J. ALFARO, *Speranza cristiana*, p. 61.

vita in amore ed in ubbidienza al Padre e per amore degli uomini, presenta la morte di Cristo come momento della stessa risurrezione (Gv 10,17; 12,32-33). Nella morte e risurrezione di Cristo è stata vinta la morte (Gv 12,31-32) ed è anticipata la nostra risurrezione (Gv 14,2-3;17,24). Nell'Eucarestia i credenti partecipano alla morte e risurrezione di Cristo e ricevono, fin d'ora, la comunione di vita con Cristo glorioso, come anticipazione e garanzia della sperata risurrezione (Gv 6,32-40.50-58).

Siamo, così, nella tensione tra l'adesso della filiazione e il non-ancora della pienezza ventura, tipica del concetto giovanneo della salvezza: la «vita eterna» designa una realtà che non è esclusivamente del presente né del futuro, ma dialetticamente di presente e futuro, cioè di anticipazione della salvezza ventura (Gv 3,36; 5,24-25.28-29; 6,27.39-44.51-58; 11,25-26; 12,25.48; 1Gv 3,14; 5,11-13; 2,25.28; 3,2).

Proprio in 1Gv 3,2 si trova la formulazione più esplicita di tutto il Nuovo Testamento sul «già-adesso» e il «non-ancora» della escatologia e della speranza cristiane: «Noi fin d'ora siamo figli di Dio, ma ciò che saremo non è stato ancora rivelato. Sappiamo però che quando egli si sarà manifestato, noi saremo simili a lui perché lo vedremo così come egli è». Nella sua pienezza ultima la «vita eterna» giovannea appartiene al futuro, anzi al futuro come dono di Dio in Cristo; l'atteggiamento dinanzi ad essa non può essere quindi che quello dell'attesa fiduciosa, cioè della speranza.

6 - La certezza della speranza nel Concilio di Trento

È noto che l'interpretazione della teologia paolina della «giustificazione» incise notevolmente sulla divisione del cristianesimo occidentale.

Alfaro rileva che il punto debole della dottrina luterana, basata sulla «giustificazione per la sola fede» e sulla «certezza della grazia», sta nella disistima verso la risposta dell'uomo, per attribuire esclusivamente a Dio il compimento della giustificazione. In questo modo non si dà importanza al dato biblico fondamentale (e pienamente paolino) che la conversione e la salvezza dell'uomo appartengono all'Alleanza, si operano, cioè, nel dialogo interpersonale del dono assoluto di Dio e della libera accettazione dell'uomo. La reazione dei teologi cattolici di fronte alla novità luterana, pur essendo incorsa in qualche errore d'interpretazione, colpì perfettamente nel segno insistendo sulla responsabilità dell'uomo di fronte alla chiamata della grazia e sulla funzione attiva della libertà umana nell'accoglienza stessa del dono della giustificazione.

La prospettiva del Concilio di Trento nel *Decreto sulla giustificazione* coincide con quella paolina: la giustificazione e la salvezza come grazia assoluta di Dio, ricevuta nella risposta libera dell'uomo. Trento ha messo l'accento sull'aspetto antropologico della giustificazione, sulla trasformazione interiore del peccatore come un processo di conversione che va dagli atti di fede, di speranza e di amore fino al rinnovamento radicale del cuore nell'unione perfetta con Cristo mediante la carità.

Sotto l'influsso della teologia medioevale, che aveva stabilito una distinzione troppo rigida tra le virtù teologali, la maggior parte dei teologi e dei vescovi di Trento hanno considerato la fede esclusivamente nella sua dimensione di assenso alle verità rivelate, riservando la fiducia alla sola speranza. L'atto di fede è accompagnato dagli atti di speranza (fiducia) e d'amore iniziale, che tuttavia appaiono meramente giustapposti alla fede e non immanenti ad essa. Secondo Trento la fede non unisce perfettamente con Cristo se non a condizione che speranza e carità siano ad essa congiunte; ma anche questa importante affermazione presenta la speranza e la carità come aggiunte alla fede e non nella loro autentica pienezza. Adoperando questo concetto ristretto di fede, il Concilio non è riuscito a cogliere pienamente il pensiero di S. Paolo, in quanto è sfuggito un aspetto importante, quello della dimensione fiduciale della fede come riconoscimento vissuto della grazia assoluta della giustificazione. In conformità con il pensiero di S. Paolo, invece, Trento ha respinto giustamente la certezza intellettuale assoluta della propria giustificazione.

Secondo il Concilio, quindi, l'uomo non può conoscere con certezza intellettuale assoluta il suo atteggiamento interiore dinanzi alla chiamata divina, nemmeno quando tale atteggiamento è realmente quello dell'amore sincero; ciò per la libertà dell'uomo giustificato. Esiste un livello insuperabile tra l'esperienza vissuta dell'amore dell'uomo a Dio e la conoscenza riflessa (categoriale) di tale risposta: l'intimo del cuore dell'uomo nella sua relazione personale con Dio rimane nascosto all'uomo stesso.

La fiducia in Dio, riguardante la propria giustificazione e salvezza, è considerata dal Concilio di Trento come dimensione interiore della speranza. Fra le disposizioni necessarie per la giustificazione del peccatore si fa speciale menzione della speranza: «ad considerandam Dei misericordiam se convertendo, in spem eriguntur, fidentes, Deum sibi propter Christum propitium fore»[35]. Questa formula è particolarmente significativa non solo perché presenta la speranza come fiducia, ma anche perché il pronome «sibi» riferisce tale fiducia al perdono divino dei propri peccati, cioè alla propria giustificazione: nella dimensione fiduciale della speranza, il peccatore coglie la misericordia e il perdono di Dio verso di lui.

Il Decreto di Trento sul Sacramento della Penitenza (Sessione XIV) menziona nuovamente la «fiducia nella misericordia divina» e la «speranza nel perdono» come necessarie per la giustificazione[36].

Trento, quindi, stabilisce una nettissima distinzione tra l'*in se* e il *pro me* come inevitabile conseguenza della distinzione troppo rigida tra fede e speranza, che non permetteva di comprendere l'immanenza della speranza nella fede, mediante la fiducia come dimensione comune ad entrambe. Il fatto che Trento metta in relazione il perdono divino dei miei peccati (la grazia della giustificazione) con la dimensione fiduciale della speranza, è significativo in quanto è possibile constatare come il Concilio non si stanchi di ripetere che la fede non si riferisce alla grazia del perdono *pro me*, ma unicamente alla verità rivelata che ogni perdono dei peccati proviene dalla misericordia divina.

---

[35] DH 1526.
[36] DH 1676, 1678.

Dopo aver parlato della speranza come disposizione del peccatore alla giustificazione, il Concilio di Trento descrive la speranza dell'uomo giustificato circa la propria salvezza, qualificandola di «speranza fermissima» e di fiducia nella misericordia di Dio. Il cristiano non confida in se stesso, ma unicamente nella grazia di Cristo; non ha la certezza dell'evento futuro della sua salvezza personale, ma si abbandona senza riserve all'amore di Dio, rivelato in Cristo[37]. Benché il Concilio non parli espressamente della «certezza» della speranza, l'ammette implicitamente nel qualificare la speranza come «fermissima».

La dottrina di S. Paolo e quella di Trento sulla certezza della speranza coincidono nei loro tratti fondamentali: è una certezza fiduciale, vissuta nell'atto stesso di affidarsi incondizionatamente all'amore di Dio in Cristo: in questo suo donarsi a Dio nella fiducia, il cristiano coglie la grazia di Dio per lui (*pro me*). S. Paolo esprime più vigorosamente di Trento l'esperienza interiore della «adozione filiale», mentre Trento esclude, più esplicitamente di S. Paolo, la certezza intellettuale assoluta della propria giustificazione. S. Paolo parla espressamente della fiducia propria dei «figli di Dio», vissuta nell'interiorità dell'amore; Trento afferma implicitamente questa pienezza della speranza nell'amore.

L'attesa fiduciosa della misericordia divina, descritta da Trento, è in realtà lo stesso atteggiamento cristiano che la teologia medievale e postridentina hanno designato come «certezza della speranza»: la certezza fiduciale con cui il credente si abbandona incondizionatamente all'insondabile mistero della misericordia di Dio.

S. Tommaso ha qualificato la certezza della speranza come certezza tendenziale, cioè come tendenza certa alla salvezza[38]. Nella speranza il credente è in cammino verso il compimento finale della promessa divina nella piena comunione di vita con Cristo glorificato, in questo cammino egli riceve lo Spirito divino come anticipazione vitale.

---

[37] DH 1541, 1545, 1548, 1565, 1566, 1694, 1696.
[38] S. Tommaso, *Summa Theologiae* II-II, q 18, a. 4.

«Possesso iniziale anticipato e attesa fiduciosa del dono della pienezza finale: ecco i due poli di tensione della speranza cristiana, il *già ora* come certezza vissuta di quanto *non ancora* si è compiuto»[39]. Alfaro avverte, però, che la rivelazione di Dio in Cristo non è una rivelazione categoriale dell'avvenimento futuro della mia salvezza personale o della salvezza di tutti e di ciascuno; invano si cercherà nella Sacra Scrittura l'affermazione di una salvezza universale effettiva. Se si dimentica il dato biblico che la salvezza si compie unicamente nell'incontro della libertà trascendente di Dio con la libertà dell'uomo si cade nella tentazione di razionalizzare il mistero della salvezza. La ragione umana non può pretendere di penetrare, coi suoi calcoli, nel segreto della sovrana libertà di Dio; ciò significherebbe voler disporre di Dio, eliminare la stessa divinità di Dio, la sua trascendenza assoluta, automatizzando l'amore di Dio e rendendolo un idolo che ubbidisce alle leggi della previsione umana. Solamente nell'incontro supremo di amore della libertà assoluta di Dio con la libertà creaturale dell'uomo, quest'ultimo può realizzare la sua pienezza personale.

La libertà dell'uomo, per altro sottoposta alla fragilità creaturale, fa sì che egli possa accettare o rifiutare la chiamata di Dio, con ciò escludendo ogni previsione sull'avvenimento futuro della propria salvezza. La salvezza o la perdizione definitiva sono, per ognuno di noi, una possibilità concreta, affidata alla nostra responsabilità, chiamata ad assumere la decisione della speranza.

La speranza cristiana è, invero, tutt'altro che facile, essa non si limita ad un convincimento superficiale e puramente teorico della bontà di Dio. Essa richiede che si viva autenticamente l'esperienza di rinunciare ad ogni sicurezza di salvezza riposta in se stessi e nel mondo e di abbandonarsi alla sola garanzia della parola che Dio ha pronunziato in Cristo. «Sperare in Dio significa avere il coraggio di rompere gli ormeggi che ci legano alle tangibili sicurezze di tutto quanto possiamo disporre e di gettare l'ancora della nostra esistenza nell'insondabile profondità dell'amore di Dio, che si rivela immenso nella Croce di Cristo (Eb 6,18-20)»[40].

---

[39] J. ALFARO, *Speranza cristiana*, p. 101.
[40] J. ALFARO, *Speranza cristiana*, p. 41.

CAPITOLO V

LE DIMENSIONI FONDAMENTALI DELL'ESISTENZA NELLA SPERANZA

1 - L'uomo posto in questione

La speranza cristiana è, per Alfaro, una decisione esistenziale che impegna la libertà dell'uomo nella totale rinuncia a se stesso per abbandonarsi fiduciosamente a Dio. Egli insiste sul fatto che il termine «abbandono» non comporta una posizione di passività e di rinuncia, ma anzi include ed esige la decisione e l'agire dell'uomo; la speranza cristiana è per lui, infatti, un atteggiamento esistenziale che tocca tutto l'uomo e ogni suo ambito di relazione. La speranza è, però, un atteggiamento primordiale di ogni uomo, oltre che del credente, il nostro Autore, perciò, si domanda se si può rinvenire quella speranza, che potrebbe chiamarsi «speranza fondamentale», che costituisce il substrato naturale della speranza e che permette agli uomini d'incamminarvisi in un'attesa fiduciosamente protratta.

Alfaro sostiene che, per affrontare in modo corretto tale questione, occorre prima di tutto analizzare le infrastrutture antropologiche, che costituiscono l'apertura dell'uomo alla speranza. L'analisi dell'esistenza umana e della comprensione di se stessi, che si vive nell'atto del nostro stesso esistere, permetterà di scoprire quale relazione vi sia tra l'esistenza dell'uomo e la sua speranza; permetterà, cioè, di vedere se la speranza è qualcosa di marginale per l'uomo o è profondamente radicata nella sua vita. L'assunto fondamentale della sua ricerca è che «il fatto cristiano presuppone l'umano»[1], egli cercherà, quindi, di spiegare

---

[1] J. ALFARO, *Rivelazione cristiana*, p. 111.

come la vita cristiana non si sovrapponga artificialmente all'essere dell'uomo, bensì vi si inserisca nel profondo della sua esistenza. Il nostro Autore esamina così tutte le dimensioni fondamentali dell'esistenza umana e non tralascia di tenere in debito conto le loro reciproche relazioni, così da evitare che un'analisi settoriale porti ad una visione deformata dell'uomo.

Nella *Speranza cristiana e liberazione dell'uomo* Alfaro parte dall'analisi dell'esistenza umana e ricerca le infrastrutture antropologiche in cui la speranza si manifesta. Nella sua ricerca viene accentuata ora la dimensione personale dell'esistenza umana, ora il suo rapportarsi al mondo, precisato come progresso, ora la dimensione esistenziale della speranza in un uomo che si percepisce fondamentalmente come essere storico. La riflessione sul senso cristiano del progresso conduce Alfaro a considerare l'operare umano nella storia come trasformazione del mondo nell'orizzonte escatologico aperto dal mistero totale di Cristo. Le categorie temporali e le considerazioni intorno al divenire della storia fanno balzare in primo piano la dimensione del futuro e con essa la categoria della speranza. L'attenta analisi delle molteplici relazioni concernenti l'esistere umano fa pervenire, per vie diverse, allo stesso esito: ogni relazione è resa possibile e sensata nel mostrarsi in essa di una speranza che, presentando una promessa di senso, dà significato alla relazione stessa.

Nella sua ricerca Alfaro, dopo aver riconosciuto a Bloch il «merito di aver visto nella speranza il fondamento permanente che sostiene l'umanità nella sua azione trasformatrice del mondo»[2], non rinviene alcuna realtà intramondana autosufficiente, portatrice in se stessa del suo fondamento ultimo, mentre la struttura umana si mostra insuperabilmente aperta; ma proprio nella incapacità di autocompimento, appare l'orientamento alla trascendenza dalla quale tale compimento può venire; la realtà quindi si mostra aperta ad un qualcosa che è oltre se stessa, che la trascende. La speranza, ritrovata nell'analisi di ogni dimensione dell'esistere umano, è il segno più eloquente dell'apertura alla trascendenza, quale unica possibilità di com-

---

[2] J. Alfaro, *Speranza cristiana*, p. 23.

pimento pieno dell'esistenza umana; la speranza che in tale apertura si mostra è dunque la dimensione esistenziale più profonda dell'uomo. Ma «questa primigenia apertura dell'uomo alla speranza non è ancora la speranza cristiana e nemmeno la chiamata ad essa; solamente costituisce l'infrastruttura antropologica richiesta necessariamente perché l'uomo possa essere chiamato a sperare in Cristo»[3].

In questa struttura esistenziale, nella tensione tra l'illimitata aspirazione fondamentale dello spirito umano e la limitatezza della sua condizione creaturale, Alfaro individua il punto d'inserzione della speranza cristiana, intesa come chiamata della grazia di Cristo alla speranza, nella salvezza dell'uomo e della storia. Il Cristo glorioso è la chiave ermeneutica per la comprensione della storia e, quindi, dell'esistenza umana. Nell'evento della morte e risurrezione, come già anticipazione della pienezza della gloria, entra nella storia il fondamento della speranza cristiana; è questo un evento realmente accaduto, e non un solo fatto di coscienza; è un evento non riducibile a coordinate intramondane, ma è la reale novità che viene dalla trascendenza e che dà compimento alla speranza insita nella struttura umana.

Nella progressiva precisazione delle implicanze della questione Alfaro comprende la necessità di pensare il tema entro categorie più dinamiche e storiche rispetto a quanto aveva fatto nei primi lavori. Questa nuova comprensione è data non solo dall'ottica del progresso umano, ma, a partire da essa, anche dalla considerazione sul divenire storico nella sua totalità, inclusa la dimensione escatologica, quale questione sul senso manifesto e richiesto dall'agire storico dell'uomo. Tale agire si opera sempre nella speranza di un senso che, data la posizione parziale dell'uomo, nella temporalità, può venire a lui solo come dono dall'Eterno. L'uomo, infatti, che si trova posto nella domanda di senso, scopre che non esiste da sempre e che non esisterà per sempre; dall'esperienza della propria contingenza emerge la domanda del fondamento. In questo sperimentarsi contingente e non autofondato si attua, per l'uomo, l'esperienza della radicale apertura alla trascendenza. Come questione del senso la que-

---

[3] J. ALFARO, *Speranza cristiana*, p. 29.

stione di Dio non è affidata alla sola capacità riflessiva dell'uomo, ma si presenta come luogo per un'opzione che impegna la totalità della persona; il vero nodo del problema sta quindi nella capacità di articolare libertà e verità.

La modalità con cui si è delineata la questione del senso porta Alfaro nella prima parte della sua ultima opera, *Dal problema dell'uomo al problema di Dio*, ad aprirsi al confronto con il pensiero filosofico moderno e contemporaneo sul problema dell'uomo. Così, partendo dalla svolta antropologica iniziata da I. Kant, radicalizzata nelle posizioni di L. Feuerbach, approdata nell'analisi esistenziale di M. Heidegger, Alfaro arriva a delineare la questione dell'uomo anzitutto come radicale domanda su se stesso. Nel confronto con le posizioni agnostiche e nichiliste di F. Nietzsche e J. P. Sartre mette a fuoco la questione del senso come esistenzialmente ineludibile. In dialogo con le posizioni di K. Marx e di E. Bloch giunge al confronto con una concezione immanentista del mondo e della storia, di cui indica i limiti per una idea di progresso e di liberazione che sia autenticamente umana. Infine, accogliendo le istanze della filosofia del linguaggio tracciata da L. Wittgenstein, fa propria l'attenzione per un riflettere che non trascuri la precisione argomentativa e la preoccupazione di giustificare la significatività del proprio linguaggio. Il confronto con questi autori è estremamente proficuo perchè raggiunge la finalità di far emergere la sensatezza della questione del senso della vita; la domanda da cui ciascun autore parte e il relativo problema che sta all'orizzonte del suo interesse danno la possibilità di differenziare la questione dell'uomo, la cui struttura di apertura alla questione del senso e del fondamento della propria esistenza lasciano spazio al sorgere della questione di Dio.

La seconda metà del libro è dedicata da Alfaro all'esposizione del suo pensiero sul problema dell'uomo. Poiché il senso non ha un ambito vitale particolare, ma tocca ogni espressione del vivere, la riflessione riguarda la totalità del vivere umano; tuttavia, l'esperienza presenta molteplici sfaccettature costitutive delle «dimensioni fondamentali dell'esistenza umana»[4]; è attra-

---

[4] J. ALFARO, *Dal problema dell'uomo*, p. 203.

verso l'indagine di esse che si tracciano i diversi percorsi dell'unica questione. Egli, esaminando l'uomo nella sua relazione con il mondo, con gli altri, con la morte e con la storia, riprende, in una sorta di sintesi finale, quell'esame delle dimensioni fondamentali dell'esistenza che era stato il punto di partenza delle sue analisi.

Le diverse esperienze portano ad individuare la speranza non come uno dei tanti atteggiamenti umani, ma come ciò che di più profondo si individua nell'uomo stesso, come la più radicale disposizione dell'uomo che ha nell'apertura alla trascendenza la sua struttura antropologica fondamentale.

2 - La dimensione individuale: La coscienza

Il dato primo, assolutamente originale dell'esistenza umana, è la coscienza. Essa, quale esperienza interiore del proprio essere, implica l'interrogativo dell'uomo su se stesso e l'affermazione di se stesso; è, così, costitutiva e rivelatrice dello spirito. Nella dimensione cosciente dei suoi atti l'uomo coglie, in modo immediato, il suo essere come reale ed afferma la sua realtà, ma nello stesso modo coglie tutta la realtà diversa da sé; la radice di tale diversità risiede nel fatto che l'uomo è cosciente di se stesso mentre il mondo non lo è; la coscienza è quindi ciò che diversifica specificamente l'uomo dal mondo.

La caratteristica degli atti umani è che sono «coscienti (*cum-scientia*: conoscere sapendo di conoscere)»[5]. La coscienza dà all'uomo un sapere di se stesso che non dipende esclusivamente dal conoscere che ci viene dai sensi esterni, ma anche dall'esperienza che abbiamo nel coglierci nell'atto di sentire e di pensare; tali atti, quindi, oltre che ad essere connessi all'oggetto, hanno anche la caratteristica di autopresenza, di autocoscienza. «L'esperienza più radicale e propria dell'uomo è l'autocoscienza riflessiva di se stesso, in cui ogni uomo si vive inscindibilmente come sperimentante e sperimentato»[6].

---

[5] J. ALFARO, *Rivelazione cristiana*, p. 22.
[6] J. ALFARO, *Dal problema dell'uomo*, p. 11.

Nella coscienza troviamo la radice della diversità e della trascendenza dell'uomo nei confronti di ogni altra realtà del mondo: essa è una realtà esclusivamente interiore, autonoma nella sua struttura di autopresenza, è esperienza e conoscenza di se stessa proprio in quanto presenza di sé a se stessa. Essa è ciò che differenzia l'uomo dal non umano e che permette l'affermazione del soggetto personale «io». «L'io cosciente costituisce il nucleo sostanziale della mia esistenza»[7].

Gli atti coscienti hanno poi un'altra caratteristica: benché successivi nel tempo, appaiono uniti da un legame permanente; si trova in noi un centro che unifica gli atti superandone la successione. L'esperienza del soggetto e dei suoi atti costituisce un blocco: il soggetto rimane identico nel suo essere modificato dagli atti. In ogni atto di pensare, decidere e fare l'uomo ha la certezza esperienziale innegabile della sua identità con se stesso, ma nello stesso tempo si sperimenta come non pienamente identico a se stesso; questo è un suo paradosso costitutivo.

In quanto centro unificante degli atti, la coscienza trascende le coordinate fondamentali dell'esperienza empirica (tempo e spazio). Essa è, inoltre, inaccessibile alla verifica empirica; infatti, possiamo conoscere cosa è pensare e decidere solamente mediante l'esperienza interiore di pensare e decidere. L'indole esclusivamente interiore della coscienza impone il problema della sua origine e l'impossibilità di spiegarla con il processo evolutivo della sola materia, i cui risultati sono sempre sensibili e concreti, perciò verificabili.

V'è poi un'altra esperienza: nella stessa coscienza del suo essere, l'uomo vive l'insopprimibile esperienza del suo non-essere, del suo limite. Egli infatti non riesce a giungere alla pienezza dell'autopresenza e coglie la contrapposizione tra ciò che egli è e ciò che gli sta di fronte, distinto da lui (gli altri, il mondo). La sua coscienza implica l'immediata esperienza vitale della sua insuperabile divisione di essere e non-essere, la sua struttura fondamentale di «spirito-finito»[8].

---

[7] J. Alfaro, *Dal problema dell'uomo*, p. 212.
[8] J. Alfaro, *Speranza cristiana*, p. 15.

Nella coscienza indivisibile del proprio essere e del proprio limite nasce l'inquietudine radicale dell'uomo, la tensione verso la crescente realizzazione di se stesso, il dinamismo che lo spinge verso il futuro, la forza vitale della sua speranza. Ogni uomo, infatti, vive in quanto ha delle aspirazioni e fa dei progetti, in quanto spera, in quanto ha la tendenza fondamentale a realizzarsi illimitatamente pur rimanendo se stesso. Egli si sente chiamato al futuro. L'uomo vive sempre proteso in avanti, nel superamento del passato e del presente in virtù della sua autotrascendenza verso il dopo. Egli non può fare a meno di interrogarsi sul senso ultimo della propria vita, sul proprio destino: l'autointerrogarsi dell'uomo ne rivela l'autotrascendenza. La risposta dovrà essere ricercata nell'uomo stesso, nella sua interiorità (coscienza-libertà) che costituisce la sua apertura al mondo.

La coscienza è perciò una chiamata alla speranza: in essa l'uomo vive la sua esistenza come «essere in speranza»[9], come progetto da realizzare; egli guarda sempre oltre il presente verso le possibilità nel futuro.

Essere e farsi costituiscono i due poli della tensione dialettica dell'uomo che scopre così anche la sua libertà come responsabilità. Le dimensioni interne della temporalità e della storicità chiamano l'uomo a realizzarsi nelle sue scelte di libertà che conferiscono un significato alla sua esistenza. Egli, invero, non si sente paralizzato dai suoi limiti, dalla sua fragilità, ma, spinto interiormente a prendere delle decisioni, nonostante l'incertezza del domani ed il rischio del fallimento, si sente chiamato alla speranza. Senza la chiamata alla speranza, che si fa sentire continuamente nel profondo del suo spirito come spinta interiore di fiducia verso il futuro, non sarebbe possibile per l'uomo prendere alcuna decisione e vivere la libertà come responsabilità.

La coscienza della propria fragilità, l'incertezza di fronte al futuro, il rischio del fallimento dell'esistenza, la presenza del peccato nella vita pongono continuamente l'uomo in contraddi-

---

[9] J. ALFARO, *Speranza cristiana*, p. 15.

zione con se stesso e gli anticipano la sua definitiva perdizione. Pur tuttavia l'uomo può guardare coraggiosamente oltre e superare i suoi limiti, ponendo la fiducia nel dono della salvezza, grazie alla chiamata alla speranza che si fa sentire continuamente nel profondo del suo spirito. «Se non fosse una chiamata di speranza, la libertà umana rimarrebbe paralizzata. La fondamentale aspirazione dell'uomo a "essere sempre più se stesso" non potrebbe essere definitivamente appagata se circoscritta all'orizzonte del mondo. La sua speranza, fondata sull'illimitatezza del suo spirito, ha un carattere trascendente: tende ad una pienezza che l'uomo non potrà mai raggiungere nel suo "farsi nel mondo"»[10].

3 - La relazione dell'uomo con il mondo

La relazione uomo-mondo è un'esperienza che viviamo costantemente: in maniera implicita sappiamo del nostro vincolo essenziale col mondo e della nostra diversità rispetto al mondo; questa è un'esperienza riservata esclusivamente all'uomo, perché, pur essendo un rapporto reciproco, la posizione dominante in esso è dell'uomo.

La riflessione su tale rapporto, che comunque deve tener conto dell'ipotesi altamente probabile dell'evoluzione, può partire dall'espressione di Heiddeger che qualifica l'esistenza dell'uomo come *essere-nel-mondo*, esprimendo così un'esperienza fondamentale dell'esistenza umana. Il mondo, infatti, è il luogo d'origine e la base permanente di ogni attività dell'uomo che sempre vive l'esperienza della sua dipendenza dal mondo, portando all'interno del suo stesso corpo la presenza della natura con i suoi processi fisico-chimici. La natura si mostra, quindi, costitutiva dell'uomo. La dipendenza dell'uomo dal mondo non si ha solo nel campo delle necessità biologiche, ma anche in

---

[10] R. ZAVALLONI, «Significato di una psicopedagogia della speranza», in *La speranza: atti del congresso promosso dal Pont. Ateneo «Antonianum» 30 maggio - 2 giugno 1982*, Brescia 1984, p. 198.

tutte le sue attività: non esiste atto umano che non sia condizionato dalla natura.

L'uomo ha l'esperienza di esistere nel mondo, ma, oltre a questa, egli ne vive un'altra opposta: quella di esistere di fronte al mondo, cioè della sua diversità rispetto al mondo. Di fronte all'uomo il mondo è presente come una realtà che gli è anteriore, autonoma, portata avanti da processi immanenti, non stabiliti dall'uomo; l'uomo di fronte al mondo non può non chiedersi come e che cosa esso sia e che senso abbia per lui. In questa domanda l'uomo si rende conto della reciproca diversità: egli, nell'affermare con certezza la realtà del mondo, ha esperienza della sua incommensurabile distanza dallo stesso. Si rileva qui una situazione limite del rapporto uomo-mondo, che ne segna la distanza insuperabile: l'uomo conosce la realtà del mondo e la propria, mentre il mondo, che non conosce la propria, non può dialogare con l'uomo. È questo un rapporto tra due parti qualitativamente diverse e l'uomo si sente svincolato dal mondo proprio a causa di ciò che lo diversifica da esso: la coscienza autoriflessiva. La corrispondenza reciproca tra l'uomo e la natura consente di comprendere l'uomo quale momento culminante del divenire cosmico; l'evoluzione, dando origine all'uomo, si è lanciata al di fuori di se stessa verso un'orbita più elevata, verso un futuro sempre nuovo.

L'analisi del rapporto uomo-mondo mette in luce un'altra dimensione immanente alla coscienza: quella relativa all'operare libero dell'uomo, svincolato dalla natura. L'uomo si sperimenta, infatti, come non immerso nel divenire della natura e come capace di agire su di essa secondo possibilità nuove create dalla propria libertà. L'uomo è, cioè, cosciente della propria capacità di modificare il corso immanente della natura secondo progetti forgiati e realizzati liberamente da lui, servendosi delle costanti della natura. Egli quindi avverte, mediante la propria corporeità, il suo legame col mondo e, mediante la sua coscienza-libertà, la sua diversità da esso. L'uomo si sente perciò chiamato ad esercitare una funzione esclusivamente sua rispetto al mondo: la trasformazione della natura al di là dei processi immanenti in essa.

La funzione dell'uomo nei confronti del mondo si presenta

poliedrica: trasformare le cose con il lavoro, conoscere il mondo, decifrarne l'enigma, creare possibilità umane nuove, rappresentare la propria interiorità utilizzando la natura come strumento espressivo e sviluppando l'arte, la cultura e il linguaggio. Tutte queste attività di conoscenza e di trasformazione della natura fanno parte del processo di crescente umanizzazione della natura e dell'umanità. Quanto più l'uomo diventa signore della natura tanto più rilievo acquista il perché ultimo delle sua esistenza e della sua azione nel mondo; tanto più, cioè, l'uomo incontra se stesso di fronte alla questione ultima: il perché ultimo del mondo e del rapporto uomo-mondo, il perché ultimo dell'uomo stesso. Il risultato principale è il progresso dell'uomo in quanto uomo.

Nel rapporto uomo-natura si manifesta un'altra esperienza dell'uomo che Heiddeger ha individuato come esperienza di *essere gettati nella vita*; esperienza di esistenza originata, proveniente da fuori. In sostanza si ha l'esperienza che la mia esistenza è un e-vento, un «venuto da», non è disposta da me ma mi è imposta. È questa l'esperienza della costitutiva dipendenza della nostra origine, la nostra esistenza è il risultato della combinazione di tanti atti liberi e di tanti processi naturali, estremamente segnati dalla casualità. L'uomo si sente perciò fortemente condizionato nel suo profondo dall'eventualità e si domanda «perché proprio io esisto?». Emerge quindi un'altra situazione limite, vissuta nell'esperienza di finitezza e di contingenza, che ci prospetta inevitabilmente la domanda «chi è l'uomo?».

Il legame dell'uomo con il mondo, prodotto dalla sua corporeità, e l'affrancamento scaturito dalla sua interiorità indicano che l'uomo si apre in maniera singolare sul mondo. Questa apertura appartiene alla stessa struttura ontologica: l'uomo è aperto al mondo in virtù della sua fondamentale costituzione di interiorità incarnata, della sua unità soggettivo-corporea. La soggettività umana rende oggetto le cose del mondo, realtà che stanno di fronte ad un soggetto umano che dà forma ai contenuti delle sensazioni da tali realtà provocate. L'apertura dell'uomo al mondo è, quindi, oggettivante e, per questo, progettuale, ossia creatrice di progetti per il futuro del mondo e rivolta al futuro del mondo. Tale disposizione si manifesta senza limiti, non si ferma e non può fermarsi di fronte a nessuna meta raggiunta, che anzi diventa punto di partenza per altri conseguimenti[11]. È, quindi, un'apertura costante, che trascende il nuovo nello stesso atto con cui lo crea, verso il sempre nuovo che non potrà mai essere il nuovo definitivo: ogni raggiungimento porta con sé infatti la caratteristica di essere il penultimo.

Si trova qui il carattere trascendente (che va sempre oltre) di ogni azione dell'uomo nel mondo ed anche l'origine della trascendenza nella soggettività umana: l'uomo trascende il mondo non solo in quanto, a causa della sua soggettività, si chiede cos'è il mondo ed il perché di esso, ma anche in quanto esiste affrancato dal processo intrinseco della natura, grazie alla sua libertà, e, conseguentemente, può agire sul corso della natura e trasformarla secondo i suoi progetti. La trascendenza dell'uomo sul mondo, quindi, racchiude, inseparabilmente unite, la coscienza e la libertà.

La stessa apertura trascende pure l'uomo: essa è autotrascendente in quanto anticipa sempre ogni realizzazione umana e ogni autorealizzazione dell'uomo stesso. L'uomo vive in avanti, superando il passato e il presente in virtù del suo rivolgersi verso il futuro, ponendosi la domanda sul senso della propria vita, si interroga sul suo futuro e l'autointerrogarsi dell'uomo rivela la sua autotrascendenza.

Nella ricerca della risposta alle domande sopra espresse, è necessario spingere più a fondo la riflessione sulla soggettività, non essendo sufficiente analizzare la coscienza, occorre esaminare anche la libertà, dato che l'una e l'altra sono strettamente unite e costituiscono l'io personale, la soggettività umana. Nel rapporto uomo-mondo la libertà svolge una funzione essenzia-

---

[11] Il risultato dell'azione dell'uomo nel mondo «è ambivalente, indivisibilmente positivo e negativo, segnato dall'imprevisto, dall'irrazionale e perfino dalla minaccia. Nel nostro tempo lo abbiamo sperimentato nel modo più tangibile e terribile: il progresso scientifico e tecnologico ha reso possibile l'autodistruzione dell'umanità (energia nucleare). Non è retorica dire che l'uomo, manipolando la natura, corre il rischio di essere vittima delle sue stesse manipolazioni» J. ALFARO, *Dal problema dell'uomo*, p. 208.

le; proprio perché l'uomo non è inserito nelle costanti della natura, ma ne è affrancato in ragione della sua libertà, ha la capacità di creare nella natura possibilità nuove e di compiere così il passaggio dal divenire cosmico al divenire storico. Caratteristica propria dell'atto libero è quella di non essere pre-contenuto né pre-determinato in nessuna realtà che lo precede; è perciò qualcosa di nuovo e di discontinuo in rapporto a tutte le condizioni che lo rendono possibile. Ciò implica l'attuazione di possibilità che superano quelle della natura. L'atto libero, però, non è solo decisione su una cosa, ma anche decisione del soggetto su se stesso, sulla possibilità della sua esistenza, sul suo personale futuro. In sostanza, l'uomo da se stesso decide di se stesso; quindi, trascende se stesso. L'apertura al futuro e l'apertura a decisioni nuove si identificano; soltanto l'uomo ha un futuro davanti a sé, volto ad esso dalla libertà che lo spinge ad andare oltre il passato ed il presente.

Ma l'uomo non arriva mai a realizzarsi pienamente in nessuna decisione concreta del suo agire sul mondo, nessuna conquista rappresenta il traguardo finale che, anzi, viene superato nel momento in cui è raggiunto. La sua speranza va sempre oltre le speranze, le precede. L'uomo sperimenta l'impossibilità della pienezza intramondana. «La sua speranza, fondata sull'illimitatezza del suo spirito, ha un carattere trascendente, tende ad una pienezza che l'uomo non potrà mai raggiungere nel suo "farsi" nel mondo»[12].

L'esperienza della libertà è propria dell'esistenza umana; come l'uomo, però, non si è dato l'esistenza, così non si è dato la libertà, ma l'ha ricevuta; è un dono che comporta anche un compito: quello di dare un senso alla propria vita. Così alla libertà umana si connette strettamente la responsabilità. Sia per la libertà che per la responsabilità si pongono gli stessi problemi: da dove provengono e qual è il termine ultimo, verso chi, cioè, la nostra libertà e responsabilità ci chiamano? Poiché ha senso parlare di responsabilità solo all'interno di una relazione interpersonale nella quale non vi sia un rapporto di parità e di

---

[12] J. ALFARO, *Speranza cristiana*, p. 17.

reciprocità (perché in tal caso vi è un pari livello ontologico e assiologico che necessariamente rimanda ad un fondamento ultimo e comune) occorre riconoscere che «l'origine ed il fondamento della libertà responsabile dell'uomo non può non essere che la Realtà fondante, personale e assolutamente trascendente, designata con un nome proprio ed unico: Dio»[13]. Essa è anche fondante rispetto alla materia e a tutta la realtà intramondana.

4 - La relazione dell'uomo con gli altri

L'uomo si scopre, oltre che in relazione col mondo, anche in relazione con gli altri; si tratta di una dimensione dell'esistenza inseparabile ma diversa da quella con il mondo. Se l'esperienza di essere nel mondo porta l'uomo a prendere coscienza del proprio essere soggetto, l'esperienza della relazione con gli altri uomini porta a specificare ulteriormente la coscienza della soggettività come intersoggettività; la vita umana è essenzialmente con-vivenza. È proprio in questa esperienza che l'uomo si percepisce persona.

Il trovarsi di fronte all'altro e in rapporto con la comunità umana costituisce una dimensione primordiale dell'esistenza; «l'apertura al "tu" (all'altro rispetto al me) è costitutiva dell' "io"; questa è anche l'apertura dell' "io" e del "tu" alla comunità umana».[14] La dimensione personale, quella interpersonale e quella comunitaria si includono, così, a vicenda e l'uomo può realizzarsi solo nell'alterità.

Nei rapporti interpersonali si ha comunicazione di coscienza e incontro tra libertà e libertà. È un'esperienza originaria, diversa dal rapporto con la natura; l'alterità delle cose nei confronti della persona umana è un'alterità di subordinazione, l'alterità del tu rispetto all'io è di comunione. L'altro, infatti, mi chiama ad assumere un atteggiamento personale di fronte alla sua persona, mi chiede che lo riconosca nella sua dignità di persona.

---

[13] J. ALFARO, *Dal problema dell'uomo*, p. 217.
[14] J. ALFARO, *Dal problema dell'uomo*, p. 222.

Si manifesta, così, un aspetto nuovo del problema dell'uomo: quello del suo incontro con la presenza e la libertà dell'altro. L'altro si presenta come realtà indisponibile, come realtà che interpella, come realtà che ha valore per sé; la sua libertà chiede di essere riconosciuta come valore di pari dignità. La libertà dell'altro interpella incondizionatamente la mia e viceversa; non sopprime e nemmeno diminuisce la mia, ma l'invita a darsi un senso nel riconoscimento della dignità personale dell'altro. La libertà personale di ogni uomo è di per se stessa riferita alla libertà dell'altro: rapporto della mia libertà, in quanto libertà, con la libertà dell'altro come libertà. È così che la presenza dell'altro è riconosciuta non come limite, ma come condizione della stessa libertà personale; proprio nel rapporto con la libertà dell'altro la libertà personale di ogni uomo raggiunge un livello di autorealizzazione superiore a quello che potrebbe ottenere in un rapporto solipsista.

La libertà umana si scopre, quindi, vincolata dalla libertà degli altri e vincolante per la libertà dell'altro; il comune legame che unisce le due le trascende allo stesso tempo e ciascuna è trascendente rispetto all'altra.

L'atteggiamento di fondo che guida la relazione interpersonale e che solo corrisponde al carattere inviolabile dell'altro in quanto persona è quello del rispetto e dell'amore. L'atteggiamento del rispetto esprime il porsi di fronte ad una realtà indisponibile, non manipolabile, ma da accogliere. Il riconoscimento del valore dell'altro non può, tuttavia, limitarsi a ciò. Colui che sta di fronte è percepito come altro quando non solo è rispettato, ma anche accolto in una relazione di gratuità disinteressata, possibile solo nell'atteggiamento di amore autentico. È solo nell'atteggiamento di rispetto-amore che trova piena attuazione la libertà dell'uomo e che giunge a pienezza il vincolo interpersonale.

L'apertura di ogni uomo agli altri non si esaurisce nei rapporti interpersonali, gli individui appartengono alla comunità umana; la dimensione personale e quella interpersonale-comunitaria non si escludono, anzi s'includono reciprocamente. «La dimensione comunitaria dell'esistenza umana è primordiale quanto quella personale, perché non può realizzarsi se non dandosi agli altri e ricevendo da loro»[15]. È la sua stessa struttura fondamentale di «spirito incarnato» che chiama l'uomo alla comunione interpersonale con gli altri uomini, aprendolo alla dimensione comunitaria. Da essa nasce il compito, comune a tutti, di collaborare e partecipare al bene della comunità umana, al progresso dell'umanità come tale. «La chiamata di ogni uomo alla speranza riveste, quindi, un carattere comunitario; è una chiamata a sperare per sé e per gli altri, cioè per noi perché tutti siamo coinvolti nel compito di trasformare il mondo per un avvenire a tutti comune. Comunione di futuro significa comunione di speranza»[16].

L'analisi fenomenologica dei rapporti interpersonali (e del rapporto persona-comunità) conduce a scoprire che la persona umana è in se stessa un valore che interpella incondizionatamente la libertà dell'altro, un valore inviolabile che esige di essere riconosciuto (rispetto-amore) dagli altri. Con ciò si pone il problema del fondamento ultimo di tale valore. Si tratta del problema del senso ultimo dell'esistenza umana, che si configura come senso ultimo della libertà dell'uomo.

Un primo tentativo di risposta può avvenire dentro l'immanenza intramondana; ma è evidente che né le singole persone né la comunità umana sono il fondamento ultimo del loro valore; se lo fossero, cioè se fossero autofondanti, sarebbero realtà assolute e non potrebbero essere incondizionatamente vincolate al valore dell'altro e la libertà umana sarebbe assolutizzata, quindi non vincolata dalla libertà degli altri e vincolante per la libertà dell'altro. Il fondamento ultimo non può neppure essere il futuro dell'umanità o il rapporto umanità-natura in quanto il valore della persona umana li trascende e nessuno dei due può giustificare la riduzione della persona ad oggetto di cui si può disporre per il progresso dell'umanità o per realizzare il rapporto uomo-natura.

---

[15] R. ZAVALLONI, «Significato di una psicopedagogia della speranza», in *La speranza: atti del congresso promosso dal Pont. Ateneo «Antonianum» 30 maggio - 2 giugno 1982*, Brescia 1984, p. 199.
[16] J. ALFARO, *Speranza cristiana*, p. 17.

Persona e comunità hanno quindi un'apertura comune verso un oltre-se-stesse, verso un centro comune assolutamente trascendente. Il fondamento ultimo non può che essere la Fonte della solidarietà, l'Amore originario, che fonda i rapporti interpersonali da cui hanno origine la persona e la libertà e che fa crescere la persona nell'autotrascendenza della libertà, deve essere Persona e Libertà. Tale fondamento ultimo, personale e libero, porta un nome esclusivamente suo: Dio.

5 - La morte, «situazione limite» della speranza nella dimensione personale

Con le considerazioni sulla morte entra nella riflessione di Alfaro il tema della temporalità, non ancora direttamente affrontato nelle precedenti speculazioni.

L'interpretazione dell'esistenza umana, tanto nella dimensione interiore della coscienza, quanto nella relazione al mondo o agli altri, non può prescindere dall'avvenimento finale, inevitabile e irripetibile: la morte. Questa mette in discussione tutto il significato dell'esistenza e pone concretamente l'uomo di fronte all'interrogativo ultimo su se stesso, che è l'interrogativo sul suo futuro. L'interrogativo emerge di fronte all'esperienza che l'uomo fa di sé come collocato in una condizione di precarietà: l'uomo percepisce di vivere in un tempo limitato e la sua esperienza di relazione al mondo e agli altri è profondamente segnata da questa temporalità che nella sua irreversibilità mostra la radicale contingenza del vivere umano: «nell'esperienza della propria temporalità l'uomo vive l'esperienza anticipata della fine della sua vita, della sua morte»[17].

Nel rapporto dell'uomo con se stesso, col mondo e con gli altri s'inserisce, prima o poi, un evento singolare, consistente nella sospensione totale e definitiva di tali rapporti: l'evento della morte, termine finale dell'esistenza di ogni uomo nel mondo.

---

[17] J. ALFARO, *Dal problema dell'uomo*, p. 248.

La morte è presente nella coscienza di ciascuno come un destino inevitabile e una minaccia permanente; è un destino inscritto nella stessa fragilità congenita dell'uomo e anticipato nell'esperienza interiore della sua insicurezza radicale e della sua indifesa solitudine. Il sapere sulla morte è un sapere generico e informativo che proviene dall'esperienza esterna della morte degli altri, di quello che vediamo e sentiamo degli altri. La biologia ci offre la spiegazione scientifica della morte, come risultato di una legge intrinseca dell'organismo umano; corporalmente siamo condannati alla morte. Nessun uomo ha, comunque, un'esperienza diretta del morire.

Vi sono situazioni in cui l'esperienza della morte viene anticipata. L'esperienza umana di vivere è essenzialmente esperienza di voler-vivere: la vita umana è tesa verso il futuro, vive del futuro. Il vivere umano è «pro-getto» ossia è «lanciato in avanti», però tutto ciò è minacciato da elementi che l'uomo non sa controllare e tra questi il fatto che siamo destinati a perire (caducità della vita umana). L'esperienza anticipata della morte è l'esperienza della insuperabile insufficienza dell'uomo, del suo non essere autofondante, e quindi della insopprimibile possibilità di non-vivere-più. È la più profonda esperienza della propria contingenza. C'è un'altra particolare esperienza esistenziale, quella della temporalità, che ci dà anticipatamente l'esperienza della fine della vita, della morte. L'esperienza della temporalità ci dà l'esperienza dell'irrevocabilità del passato, dell'irreversibilità del presente e del futuro, che inesorabilmente diventeranno passato, vita che non è più.

C'è un'altra dimensione dell'esperienza esistenziale che annuncia e anticipa la morte: l'esperienza di solitudine. Nel più profondo di se stesso, ogni uomo è sempre solo, mai pienamente integrato nella realtà dell'altro (mondo e persone), solo (anche nei confronti di se stesso) nella mai totalmente raggiunta identificazione nemmeno con se stesso; la permanente distanza tra sé e il proprio compimento si manifesta all'uomo come «solitudine di morte, di vuoto, di vita»[18]. L'uomo muore solo,

---

[18] J. ALFARO, *Rivelazione cristiana*, p. 41.

nella solitudine suprema, già annunciata nella profonda solitudine che segna tutta la sua vita.

La morte, come esperienza anticipata della fine della nostra vita, è costantemente presente in noi come compagna non desiderata e inseparabile, dalla quale non possiamo staccarci. Essa si presenta come radicalmente opposta alla nostra vita e perciò l'uomo vive la propria vita sentendola minacciata dal potere distruttivo della morte.

Ogni uomo sa che un giorno morirà[19], eppure spesso vive in un'illusione alienante, ignorando la morte come se non dovesse morire; banalizzando, però, la morte, banalizza la vita; se dimentica la morte, dimentica se stesso. Si appalesa il paradosso della morte: oscura e impalpabile in sé, ci impone inevitabilmente il problema di quale sia il senso della vita; ogni tentativo di eludere la questione è vano perché, che lo pensiamo o meno, la morte ci raggiungerà inesorabilmente. L'ineludibilità di tale interrogativo risiede nel fatto che non si pone come interrogativo accanto agli altri, nemmeno come il più scottante tra gli altri, ma si mostra, invece, come l'interrogativo che sostiene tutti gli altri.

Così la morte ci impone il problema sul senso ultimo della nostra vita senza possibilità di scappatoie. Come termine finale di tutta la vita, è, in se stessa, interrogativo sul senso ultimo della vita come totalità, perché, nel suo venir meno, la vita si compie e si manifesta come totalità; totalità non di pienezza, ma di incompletezza, perché la vita umana è progetto di futuro e la morte la distrugge proprio nel suo proiettarsi verso il futuro.

La realtà della morte, la sua vicinanza, il suo potere inesorabile, la sua enigmaticità rendono tangibile la fragilità della nostra vita. Nella morte l'uomo tocca il fondo del non-essere; vive la sua lacerazione nell'assoluta impotenza di salvarsi con le sue stesse forze, nella rovina completa della sua autosufficienza. Non può evitare la morte, né trovare nel mondo o negli altri una garanzia per sopravvivere. L'uomo si sente abbando-

---

[19] S. Agostino ha definito questo sapere come l'unica cosa certa; «incerta omnia: sola mors certa» S. AGOSTINO, *Enarrationes in Psalmos*, 38, 19; *Sermones*, 97, 3.

nato perfino da se stesso; la sua esistenza nel mondo gli sfugge definitivamente. Ma proprio in questa rovina definitiva la morte rivela l'intimo nucleo dell'essere umano come aspirazione insopprimibile a vivere. L'uomo non può rassegnarsi a scomparire nel nulla perché porta con sé, nella sua coscienza, l'affermazione vitale della sua esistenza, cioè l'aspirazione ad essere ed a rimanere se stesso. È la sua coscienza che rifiuta il dissolvimento nel nulla.

Il nulla, come ultima tappa dell'esistenza, la spoglierebbe completamente di significato. Se la morte fosse l'affondamento della persona umana nel nulla, si imporrebbe la conclusione che la vita umana, come totalità, manca di senso: è assurda. L'assoluto non-senso ultimo toglierebbe senso a tutto il processo del vivere umano. Tutte le aspirazioni, decisioni e azioni dell'uomo sarebbero sostenute, alla fin fine, da un'illusione originaria costitutiva dell'uomo, dall'inganno fatale di un ineliminabile miraggio. Tutta la catena di speranze concrete manca di sostegno e precipita nel nulla: dalla nascita fino alla morte, tutta la vita è assurda; il nulla della morte implica l'assurdo della vita, che provoca la nausea. L'aspirazione fondamentale dell'uomo a realizzarsi verso il suo futuro sarebbe una passione vana; è un assurdo che siamo nati e che moriamo.

La specificità della morte umana non risiede nel suo aspetto di tappa finale dell'esistenza dell'uomo nel mondo, ma nell'esperienza di essa come limite. La morte scioglie l'uomo dal contatto empirico col mondo e con gli altri e mette a nudo il livello più profondo del suo spirito che custodisce l'incontenibile desiderio di esistere senza fine. Così, mentre da una parte, la morte rappresenta per l'uomo la completa rinuncia ad ogni autosufficienza, il vivere la propria totale impotenza ad assicurare, con le sue sole forze, la propria sopravvivenza, dall'altra, la morte gli svela il fondo della coscienza come insopprimibile aspirazione a continuare a vivere.

«La morte è quindi una situazione-limite per la speranza dell'uomo il quale di fronte ad essa deve scegliere se aprirsi senza riserve alla speranza o chiudersi definitivamente ad essa»[20].

---

[20] J. ALFARO, *Speranza cristiana*, p. 21.

Poiché la morte è una realtà sempre presente nell'esistenza umana, come destino inevitabile, tutta l'esistenza umana si svolge nella situazione-limite della speranza. Ogni uomo è continuamente chiamato a interpretare la propria esistenza nella risposta (accettazione o rifiuto) alla sua speranza trascendentale; l'interpretazione dell'esistenza implica la scelta tra sperare e non-sperare.

La domanda di senso, che accompagna ogni opzione cosciente e libera dell'uomo, quando ci si interroga sul senso ultimo della vita, quando cioè ci si pone di fronte ad essa come totalità, diventa allora domanda intorno alla morte. La morte, dunque, mette l'uomo di fronte all'inevitabile scelta di chiudersi nei limiti delle propria esistenza nel mondo o di aprirsi coraggiosamente e fiduciosamente alla speranza di un futuro trascendente.

Non si può dubitare che, mentre nella morte finisce definitivamente la vita di ogni uomo nel mondo, la storia dell'umanità continua e in essa rimane l'operato dei morti; ma i morti sono definitivamente morti e non partecipano più al processo del divenire storico da cui la morte li ha sottratti per sempre. Lo sperare in una sopravvivenza anonima e impersonale nel Tutto dell'universo implica l'eliminazione della persona, assorbendola in un assoluto impersonale. L'idea della trasmigrazione delle anime in esseri viventi infraumani o della sempre rinnovata comunità umana non resiste alla critica più ovvia.

La morte impone, così, il dilemma decisivo: o l'annientamento definitivo della persona o la persona umana riceve nella morte il dono di una vita nuova, metatemporale, metastorica. Ogni tentativo di risposta dovrà, comunque, tener conto del fatto che l'uomo non può assolutamente fare da solo il salto che, attraverso la morte, lo porta ad una vita nuova metatemporale.

L'unica possibilità che, quindi, rimane all'uomo di fronte alla morte è quella di attendere il futuro di una nuova esistenza che egli stesso non può creare, come non ha creato la sua esistenza nel mondo. La morte, rivelando il senso ultimo della vita come sperare-sperante trascendente, manifesta come la speranza costitutiva dell'uomo possa essere fondata solo su una Realtà trascendente, di cui l'uomo non può assolutamente disporre; egli può solo fidarsi ed abbandonarsi ad essa nell'atteggiamento personale supremo della speranza, nell'atteggiamento dell'invocazione, della risposta alla chiamata.

Del resto, se la ragione non può dimostrare la sopravvivenza dell'uomo oltre la morte, la speranza supera la conoscenza razionale: è irriducibile alla ragione. Senza la speranza di una vita imperitura, la nostra vita nel mondo mancherebbe di senso, sprofonderebbe nel nulla. La speranza è anelito insopprimibile di eternità, un voler vivere per sempre, che solo Dio può garantire. «Questo radicale voler vivere altro non è che la speranza-sperante originaria, costitutiva dell'uomo, cioè il suo vivere se stesso come progetto verso il futuro»[21].

Progetto e avvenire dell'uomo sono espressioni della speranza-sperante come struttura ontologica dell'uomo, che fa di lui il progetto verso il futuro. Come mostrato nelle precedenti riflessioni, la vita umana è fondamentalmente coscienza e libertà, una libertà segnata dalla responsabilità e sostenuta dalla speranza-sperante. La chiamata alla speranza appartiene alla struttura fondamentale dell'uomo come «spirito-incarnato». La speranza-sperante nasce dall'io-personale, cosciente di se stesso e origine permanente di tutti gli atti di pensare, decidere e operare: l'io-personale e il suo sperare radicale sono condizioni previe di possibilità di ogni decisione e azione, di ogni progetto concreto dell'uomo. È l'io-personale, in quanto speranza radicale di rimanere se stesso, che conferisce senso a tutte le speranze e decisioni concrete che compongono la totalità della vita umana; lo sperare radicale le precede ontologicamente e le trascende sempre: va continuamente oltre ogni meta conseguita. La morte, sperimentata anticipatamente nella vita, è per eccellenza la situazione-limite del senso della vita come sperare trascendente: pone cioè l'uomo di fronte al problema-opzione della speranza ultima. L'impotenza dell'uomo di fronte alla morte lo colloca di fronte all'unica alternativa opzionale possibile: sperare soltanto al di qua della morte o sperare oltre la morte.

Bisogna riconoscere che il problema della speranza, come speranza oltre la morte, è un problema dotato di senso e che

---

[21] J. ALFARO, *Dal problema dell'uomo*, p. 254.

questa speranza non può fare a meno di avere un fondamento. Questa speranza può essere fondata solo in una Realtà trascendente, di cui l'uomo non può disporre in alcun modo, né con il pensiero né con l'azione. Soltanto una Realtà assolutamente trascendente e personale può salvare la persona umana. Dal problema della morte, luogo privilegiato del problema dell'uomo, sono scaturiti, perciò, il problema e l'affermazione di Dio come Speranza ultima dell'uomo.

La riflessione sulla morte ci fa scoprire che la vita umana è speranza trascendente di senso, sperare-sperante illimitato, che va oltre la morte.

6 - La storia, «situazione limite» della speranza nella dimensione comunitaria

È questa l'ultima dimensione dell'esistenza umana presa in considerazione da Alfaro; essa appare immediatamente concomitante all'esperienza della finitudine e temporalità: l'uomo si percepisce collocato in un tempo preciso che non solo segna la sua precarietà, ma indica, anche, la sua capacità di operare liberamente. Ogni relazione con il mondo, con gli altri, con se stessi ed il destino della propria vita segnata dalla morte sono pervasi dal rapporto con la propria storia, che quindi coinvolge tutti gli aspetti fondamentali dell'esistenza umana.

L'uomo si percepisce ad un tempo nella storia, segnato dalla storia e artefice della storia: in ciò fa esperienza della propria storicità. Questa è una scoperta piuttosto recente, l'uomo, infatti, accede alla coscienza della propria storicità, anche se questa è ontologicamente anteriore al divenire storico, in modo riflessivo partendo proprio dal divenire della storia: egli così, mentre si percepisce capace di plasmare la realtà mediante il suo operare cosciente e libero attraverso il divenire del tempo, si interroga sul senso della storia, cioè non solo sul suo futuro, ma sul futuro di tutta l'umanità. L'esistenza di ogni uomo s'inserisce, infatti, nella storia dell'umanità; tutte le generazioni si sentono ormai, accomunate verso lo stesso futuro e spinte dalla stessa speranza, ciò grazie alla comparsa di una nuova coscienza della storia universale, tanto che la domanda di Kant («che cosa posso sperare?») dovrebbe essere riformulata seguendo Bloch («che cosa possiamo sperare?»).

La riflessione di Alfaro, anche in questo caso, parte dall'analisi fenomenologica intorno al divenire storico, al suo senso ed alle sue condizioni di possibilità per accedere poi alla comprensione del senso della storicità come questione eminentemente antropologica. Egli constata anzitutto la diversità del divenire storico rispetto a quello della natura. Mentre quest'ultimo ha un'origine che si perde nella notte dei tempi e ha luogo nell'autotrasformazione della natura attraverso processi suoi propri che rispondono alle costanti fisico-chimiche rilevate dalle scienze naturali, il divenire storico, la cui origine coincide con la comparsa dell'uomo sulla terra, ha, invece, un suo autore: l'uomo, i risultati della sua azione non sono precontenuti nelle costanti della natura, ma sono un qualcosa di nuovo; «è l'uomo che fa la storia in quanto cosciente di sé e quindi capace di riflettere sulla natura e su se stesso, di creare progetti nuovi, e soprattutto dotato di una libertà aperta al futuro e sostenuta dalla speranza creatrice di possibilità nuove»[22].

La natura ha una sua funzione nel divenire storico in quanto l'uomo può agire ed operare solo in essa, ne costituisce il presupposto ontologico, imprescindibile e permanente; il risultato di tale divenire è però solo opera dell'uomo, il quale conferisce continuità agli eventi storici, unendo, nella sua soggettività, il passato con il presente e il futuro. La storia è opera dell'uomo in quanto egli è cosciente di se stesso e dotato di una libertà aperta al futuro e sostenuta dalla speranza creatrice di nuove possibilità.

L'uomo agisce nel tempo, ma non resta sommerso dalla temporalità; egli la trascende nella coscienza della permanenza di sé attraverso il divenire e nell'apertura al non ancora accaduto. La storia ci si presenta anche come l'impresa comune e unificante di tutta l'umanità lungo il corso dei secoli verso la creazione e la scoperta del nuovo avvenire, l'avvenire dell'umanità è realmente nostro, ci compete ed appartiene a tutti e a ciascu-

---

[22] J. ALFARO, *Dal problema dell'uomo*, p. 261.

no in quanto membri della comunità umana; l'intersoggettività umana costituisce il vincolo di continuità nel divenire delle generazioni.

Il divenire storico si comprende solo a partire dalla libertà umana come capace di aprire al nuovo, in ciò mossa dalla speranza. Nel divenire storico, il primato spetta al futuro: «è il primato della speranza-sperante»[23].

La storia si mostra, pertanto, realtà propriamente antropologica: è ciò che dà visibilità all'agire libero dell'uomo mosso dalla speranza. In questo si vede il motivo di maggiore continuità nella storia, pur segnata dalla discontinuità propria della temporalità; la storia è qualcosa di più di un semplice processo temporale: è il luogo in cui si fa visibile, perché oggettivato, il dinamismo che accomuna tutte le generazioni nella ricerca di un compimento futuro sempre trascendente rispetto ai risultati di volta in volta raggiunti nell'opera storica: «tutta l'umanità ha vissuto, vive e vivrà della stessa speranza, che la spinge costantemente, al di là di tutto ciò che si è raggiunto, verso il nuovo»[24].

I risultati del divenire storico non sono sempre univocamente positivi, anzi! V'è una ambiguità ambivalente del progresso umano che non consente di separare nettamente il positivo dal negativo[25] e che rende visibile la finitudine dell'uomo come persona e come comunità.

---

[23] J. ALFARO, *Rivelazione cristiana*, p. 49.
[24] J. ALFARO, *Dal problema dell'uomo*, p. 263.
[25] Alfaro considera tra i risultati positivi il progresso delle scienze naturali, che mostra una continuità ascendente, e le maggiori conoscenze acquisite dalle scienze umane, che hanno ampliato le possibilità dell'uomo di intervenire su se stesso. Nell'ambito delle scienze dello spirito, invece, il progresso ha un andamento discontinuo. Un particolare risultato positivo, favorito dal progresso dei mezzi di comunicazione, è quello della crescita dell'umanità nella coscienza della sua unità e della solidarietà comunitaria mondiale; a livello individuale c'è la crescita, anche se molto diseguale, della coscienza della propria libertà e della capacità dell'uomo di porsi di fronte ai problemi fondamentali del suo essere. I risultati negativi sono inseparabilmente uniti a quelli positivi, tra questi: la scoperta dell'energia nucleare, che ha dotato l'uomo di un potenziale bellico capace di distruggere l'umanità, l'elevata meccanizzazione, che ha creato nella produzione industriale un

La riflessione sulla storia conduce anche alla questione della morte della diverse generazioni, di tutte le generazioni umane, e si introduce, così, la questione radicale intorno al senso ultimo della storia. Questa procede a prezzo della morte delle generazioni che si susseguono, le quali consegnano al futuro la propria opera, ma non partecipano alla continuità della storia, ne sono escluse. Il problema della morte delle generazioni passate è anche il nostro problema e lo è proprio perché noi ora viviamo della stessa speranza di cui loro vissero. La morte del singolo non è il prezzo che si paga al divenire della storia, ma piuttosto la cifra che mette in luce la domanda intorno al senso del divenire storico.

La questione pone nella sua massima radicalità la domanda intorno al significato dell'operare storico. Questo è comprensibile solo se lo si vede portato avanti da una speranza che trascende le singole realizzazioni storiche. È la speranza-sperante che accomuna tutte le generazioni, è la solidarietà nella speranza che, nonostante la morte e tutti i fallimenti della storia, spinge l'umanità in avanti verso lo stesso ultimo futuro.

Il divenire storico, quale opera dell'azione libera dell'umanità nel mondo lungo i secoli, evidenzia l'insuperabile e permanente dislivello tra le mete raggiunte e l'illimitata speranza-sperante dell'umanità, che trascende anticipatamente tutto quello che l'uomo ha fatto e farà. È una speranza che trascende le singole realizzazioni storiche e che accomuna tutte le generazioni. L'essenza della storia consiste nel fare la storia e trascendere ogni evento storico compiuto e da compiere; «il trascendere tutto lo storico, fatto e fattibile dall'uomo, è condizione di possibilità del divenire storico»[26].

Questa scoperta impone il problema del futuro dell'umanità: verso dove tende il divenire storico? Verso dove si autotrascende la storia?

---

nuovo modello di schiavitù dell'uomo di fronte alla macchina, l'inquinamento, la manipolazione dell'uomo nel suo pensiero e nelle sue decisioni, favorito dal progresso dei mezzi di comunicazione, ed, infine, le nuove alienazioni umane e i nuovi squilibri politici internazionali, determinate da strutture socio-economiche sempre più oppressive.

[26] J. ALFARO, *Dal problema dell'uomo*, p. 269.

La storia dell'umanità, all'interno di se stessa (all'interno della relazione umanità-mondo da essa trasformato) non può raggiungere una pienezza definitiva; continuerà a camminare verso il futuro. L'incapacità dell'umanità a raggiungere, da se stessa, il suo futuro definitivo (e quello del mondo) all'interno della storia e la sua insopprimibile aspirazione a un avvenire che si trova sempre al di là di ogni sua realizzazione intramondana (cioè la tensione dell'insuperabile dislivello fra l'illimitatezza della sua aspirazione fondamentale e la inevitabile limitatezza delle sue realizzazioni) pongono la comunità umana (in ciascuno dei suoi membri) di fronte alla scelta di chiudersi negli avvenire immanenti (sempre limitati e provvisori) del suo indefinito progresso intramondano[27], o di aprirsi alla possibilità dell'avvenire assoluto e trascendente. La storia si manifesta, così, frontiera di trascendenza, «situazione-limite» della speranza nella sua dimensione comunitaria. «Situazione–limite» simile a quella della morte. «Un futuro definitivo intramondano rappresenterebbe la fine della speranza e, conseguentemente, la stessa sopravvivenza nel mondo dell'umanità non avrebbe più senso»[28].

Solamente una speranza aperta ad un futuro reale, metastorico dà ragione all'operare dell'uomo, salvaguardando il valore inalienabile della sua libertà, altrimenti ridotta a semplice momento di un divenire impersonale o di una altrettanto impersonale umanità del futuro. Dall'analisi fenomenologica del divenire della storia appare che l'uomo, nella sua storicità, è strutturalmente aperto ad un avvenire metastorico, assoluto e trascendente la storia. Questo avvenire va inteso non come oriz-

---

[27] Alfaro esamina e confuta le due risposte, entrambe di immanenza intramondana e intrastorica, ma diverse e opposte tra loro, che nella storia della filosofia sono state date a questo problema. Per la prima, abbozzata da K. Marx e ripensata da Bloch, il senso del divenire storico è la sua finalizzazione verso la pienezza immanente definitiva nell'identità futura tra l'uomo e la natura da lui trasformata. Per la seconda risposta, pensata da Nietzsche e da Garaudy, invece, il divenire storico non tende ad un futuro ultimo definitivo, è un divenire mai finito, *processum in infinitum*.

[28] J. ALFARO, *Speranza cristiana*, p. 24.

zonte formale del dinamismo della speranza, ma come realtà che sola può dar compimento allo sperare dell'uomo.

Questo Futuro trascendente non solo è reale, ma, essendo metastorico, non può essere opera dell'uomo, né procedere dalla natura o dalla storia, esso può essere pensato solo come veniente in forza di se stesso, liberamente, gratuitamente: come Grazia assoluta, Libertà trascendente personale, Dio. L'uomo può accettarlo nell'opzione della speranza oppure rifiutarlo nella disperazione.

CAPITOLO VI

LA SPERANZA–SPERANTE E L'APERTURA ALLA TRASCENDENZA

1 - La speranza-sperante

In ognuna delle dimensioni fondamentali dell'esistenza umana, che sono state analizzate, è presente il problema del senso dell'esistenza e si mostrano i segni che additano alla trascendenza, in quanto ogni percorso compiuto conduce ad una domanda di compimento che l'uomo non sa trovare in se stesso e che perciò è orientato ad attendere come dono. Per analizzare la realtà Alfaro ha considerato separatamente le diverse prospettive, ma ha sempre tenuto presente che solo la loro sintesi permette di avere una visione integrale dell'essere umano, in definitiva sempre irriducibile ad ogni ristretta concettualizzazione. Dall'analisi esistenziale condotta emergono tre temi, mutuamente immanenti, che compendiano la questione dell'uomo: la questione del senso della vita, la speranza-sperante e la questione di Dio.

Nel primo tema viene riaffermata l'ineludibilità della domanda intorno al senso dell'esistenza umana e in esso viene messa a fuoco la chiamata in causa della libertà. Viene analizzato il dinamismo proprio della conoscenza umana, che, per Alfaro, non si riduce all'intelligenza ma impegna soprattutto la libertà, come costitutivo più profondo dell'uomo. Ciò che muove il ricercare dell'uomo è la domanda intorno ad una verità che si dia come senso dell'esistenza, il senso ultimo della vita umana, il suo perchè di origine e di futuro che si implicano reciprocamente. Origine e futuro sono, infatti, due aspetti autoinclusivi dello stesso problema imposto all'uomo; di esso l'uomo non riesce a trovare la soluzione dentro di sé, ma oltre se stesso, e di fronte ad esso si riconosce impegnato mediante un'opzione della propria libertà. La verità di senso è, quindi, la verità propria che guida il conoscere dello spirito umano nella sua apertura illimitata all'essere, in cerca di un compimento definitivo. La ragione umana non riesce a dare una risposta decisiva a questo problema, l'uomo rimane sempre nascosto, mistero per se stesso. Questa è una dimensione esistenziale e un dato antropologico di notevole importanza per la filosofia e per la teologia: «l'uomo come radicalmente responsabile dell'interpretazione del senso della sua vita (ogni uomo, sia esso credente, ateo, agnostico o in dubbio); lo sappia o non lo sappia, lo voglia o non lo voglia, ogni uomo è chiamato a realizzarsi nella propria libertà senza una conoscenza evidente del perchè della propria esistenza e azione. Limite tangibile della ragione umana: attraverso la riflessione razionale l'uomo non potrà raggiungere l'evidenza sul senso della sua vita»[1].

La speranza-sperante è quel substrato fondamentale che è presente in tutte le dimensioni dell'esistenza umana, in essa si rivela il mistero dell'essere umano come «spirito incarnato» e lo spirito umano si mostra chiamato a realizzarsi nel futuro; ma proprio qui risiede la radicale inquietitudine dell'uomo, sempre connessa alla sua essenziale tensione verso la pienezza. La chiamata alla speranza è il coraggio fiducioso verso il futuro. Da tutte le dimensioni costitutive dell'uomo emerge un'aspirazione non pienamente realizzata: l'uomo vive in quanto aspira e progetta, decide in quanto spera. È un'aspirazione che non assicura la sua realizzazione, però è il movente, l'impulso dell'azione; è, inoltre, un imperativo per la libertà dell'uomo, libertà da vivere come responsabilità. La persona umana ha coscienza della fragilità della sua libertà e del rischio del fallimento della sua esistenza, la chiamata alla speranza, che si fa sentire continuamente nel profondo del suo spirito, consente, però, di superare il timore del fallimento e permette all'uomo di vivere la vita come progetto da realizzare. «Questo radicale voler vivere altro non è che la speranza-sperante originaria, costitutiva dell'uomo, cioè il suo vivere se stesso come progetto verso il futuro»[2].

---

[1] J. Alfaro, *Dal problema dell'uomo*, p. 283.
[2] J. Alfaro, *Dal problema dell'uomo*, p. 253.

Nella relazione con il mondo l'uomo ha coscienza della sua mutua dipendenza e autonomia; la speranza appare qui come impulso radicale che muove l'azione dell'uomo sul mondo. Poiché, però, nessuna realizzazione intramondana può colmare la sua ansia di progresso e la sua speranza, l'uomo si sente chiamato ad una speranza che trascende ogni realizzazione intramondana. La speranza trascendentale è, così, il nucleo dell'esistenza umana che si autotrascende.

Nella relazione dell'uomo con gli altri uomini, la speranza si mostra come un atteggiamento essenziale condiviso con ogni essere umano e trascendente tutti ed ognuno. V'è una solidarietà nella speranza tra gli uomini, che si manifesta come chiamata a condividere la stessa speranza trascendentale e lo stesso futuro verso il quale tutta l'umanità tende.

Nei confronti della morte la speranza interpella la libertà nella quale la persona realizza l'opzione fondamentale della sua esistenza: o un'esistenza autonoma, limitata alle sue possibilità intramondane, o un'esistenza coraggiosamente aperta, fiduciosa nella speranza di una sopravvivenza oltre la morte. La morte si rivela, dunque, come frontiera della trascendenza a livello personale. Di fronte alla morte la speranza umana affronta il suo punto più critico, la sua sfida cruciale: senza la speranza di una vita imperitura la nostra vita nel mondo mancherebbe di senso, sprofonderebbe nel nulla. La speranza è, così, anelito insopprimibile di eternità.

La speranza convoca, infine, tutti gli uomini nell'impresa di realizzare la storia. L'azione della persona umana è comunitaria e trascende anticipatamente tutto quanto è stato fatto e si sta facendo. La costruzione della storia è impresa di tutta l'umanità e gli uomini stanno sempre più acquisendone consapevolezza. La stessa storia si presenta come situazione limite della speranza. Nell'azione sul mondo l'uomo non può evitare di porsi il problema del futuro della storia; le sue realizzazioni, però, sfuggono al suo totale controllo, sono provvisorie, incapaci di conformarsi pienamente alle sue aspettative e di soddisfarlo completamente, la sua libertà non è assoluta. Creare la storia e trascenderla sono per l'uomo la stessa cosa, nella costruzione della storia, infatti, si rivela il mistero di una libertà assoluta e trascendente. L'uomo sperimenta la chiamata a un potere trascendente, non ottenibile con le sue forze; il futuro trascende la storia, però si manifesta nel divenire storico. La speranza-sperante esige anche che quello che ognuno spera possa essere condiviso da tutti, in un impegno comune per il futuro di tutta l'umanità.

In ogni dimensione dell'esistenza umana è dunque presente la speranza-sperante. Alfaro ne ha mirabilmente sintetizzato le caratteristiche specifiche; queste mostrano che: «a) questa speranza è condizione di possibilità di tutte le decisioni e azioni dell'uomo nel mondo; b) questo sperare radicale trascende anticipatamente (tende oltre) tutte le possibilità del divenire storico, tutte le tappe intrastoriche già raggiunte e da raggiungere, tutto quello che l'uomo ha fatto, fa e farà nella storia; c) la speranza-sperante dell'umanità lungo i secoli unisce tutte le generazioni verso l'avvenire comune a tutte e perciò è la radice del divenire storico, del cammino della storia sempre in avanti; d) poiché trascende ogni meta intrastorica possibile, la speranza-sperante guarda oltre il divenire storico, tende cioè verso un futuro comune a tutte le generazioni umane e trascendente rispetto a tutte, comune a tutti i momenti del divenire storico e trascendente rispetto a tutti; e) soltanto una speranza illimitata (non ridotta ad un futuro intrastorico) e che accomuna tutte le generazioni in un futuro metastorico può superare il non-senso del crollo di tutte le generazioni nel nulla della morte; f) le due escatologie di una pienezza intrastorica e di un *processum in infinitum* coincidono nella riduzione della speranza dell'umanità all'intrastorico e quindi non possono dare risposta al problema della morte»[3].

La speranza-sperante è struttura costitutiva dell'uomo, nasce nell'io personale, cosciente di se stesso e origine permanente di tutti gli atti di pensare, decidere e operare, essa si esprime nella volontà e speranza radicale di voler vivere se stesso come progetto verso il futuro nell'orizzonte illimitato dell'essere. La solidarietà nella stessa speranza-sperante, verso lo stesso futuro, è

---

[3] J. ALFARO, *Dal problema dell'uomo,* pp. 271-272.

il dinamismo capace di conferire all'umanità la capacità di andare oltre tutti i risultati positivi e negativi del divenire storico e di aprirsi allo stesso ultimo avvenire.

Speranza e vita si coniugano, così, nella stessa esperienza fondamentale; è la volontà di vivere, anteriore ad ogni azione umana, che rende possibile la realizzazione dell'uomo e che lo costituisce come essere in speranza.

Alfaro avverte, però, che «questa primigenia apertura dell'uomo alla speranza non è ancora la speranza cristiana e nemmeno la chiamata ad essa; solamente costituisce l'infrastruttura antropologica richiesta necessariamente perchè l'uomo possa essere chiamato a sperare in Cristo. L'uomo, nella sua illimitata aspirazione ad essere sempre più-se stesso e a realizzare indefinitamente la storia, si sente interiormente chiamato da una speranza il cui compimento supera il suo stesso potere; è impotente per se stesso a liberarsi dal peccato e dalla morte e a dare pienezza definitiva alla storia. In questa tensione tra l'illimitatezza dell'aspirazione fondamentale del suo spirito e la limitatezza della sua condizione creaturale si inserisce la chiamata della grazia di Cristo alla speranza nella salvezza dello stesso uomo e della storia. L'infrastruttura antropologica, che costituisce l'apertura primigenia dell'uomo alla speranza, sarà esistenzialmente integrata nell'esigenza che pone all'uomo peccatore l'atto salvifico di Dio, realizzato e rivelato in Cristo»[4].

2 - La questione di Dio

Nel terzo tema, quello finale, la questione di Dio si mostra come il senso ultimo dell'esistenza umana, come l'istanza ultima del problema dell'uomo. La ricerca della risposta all'interrogativo sull'uomo è avvenuta innanzitutto dentro l'immanenza della realtà totale «mondo-umanità-storia»; questa realtà intramondana non si è rivelata, però, autosufficiente (portatrice in se stessa del proprio fondamento ultimo); ha acquistato, quindi,

---

[4] J. ALFARO, *Speranza cristiana*, p. 29.

senso la domanda su una realtà trascendente. I percorsi dell'esperienza hanno, poi, mostrato che l'uomo è aperto non ad una realtà totalmente indefinibile, ma piuttosto a ciò che prende i contorni di Realtà fondante, di fronte alla quale l'uomo è ultimamente responsabile, di Amore originario, che rende possibile l'apertura intersoggettiva, di Speranza ultima, a cui tende ogni sperare che superi la precarietà di un agire segnato dall'esperienza della morte, di Futuro assoluto, che sostiene il divenire sensato della storia.

Si è visto, così, che in ogni esperienza esistenziale dell'uomo si mostrano segni di trascendenza, ossia che la stessa realtà immanente totale (uomo-mondo-storia) rimane aperta a un oltre se stessa. La questione dell'uomo sbocca sulla questione del fondamento ultimo, che si chiama Dio. Il problema di Dio si presenta là dove l'uomo si sperimenta originariamente interpellato, nella sua libertà responsabile, sostenuto dalla speranza e chiamato ad uscire da sé.

Il termine Dio esprime il contenuto risultante delle dimensioni fondamentali della vita umana, per questo il significato della parola «Dio» sorge come risultato della totalità-unità delle sue configurazioni concrete nei diversi segni di trascendenza che, nella loro reciproca inclusione, convergono nella stessa realtà. L'implicazione reciproca dei diversi aspetti dell'esperienza esistenziale da cui emerge il problema di Dio esige, infatti, la propria unificazione nel pensiero riflesso sull'autotrascendenza dell'uomo e sul suo termine: Dio. Il riferimento a Dio che l'uomo fa nella sua esperienza esistenziale è il riferimento al Trascendente del quale egli non può disporre in nessun modo. Il Trascendente si rivela tale nella libertà assoluta del dono di Sé all'uomo come pura grazia e, quindi, Imprevedibile, Mistero. Questo è il significato originale e primordiale della parola «Dio».

Dagli stessi segni di trascendenza dell'esistenza umana Dio si manifesta come Libertà assoluta e Realtà personale. Libertà e persona, infatti, si implicano vicendevolmente e non può aversi l'una senza l'altra. Dove, inoltre, c'è libertà c'è anche coscienza. Il problema di Dio è emerso proprio negli atteggiamenti personali che l'uomo è chiamato ad assumere di fronte al senso della sua vita e a lui Dio si è manifestato nel suo atteggiamento personale di interpellare l'uomo nella responsabilità e nella speranza della sua libertà. Dio è quindi Colui di fronte al quale l'uomo è, in ultima istanza, responsabile e l'Unico nel quale può finalmente sperare.

Questo Dio non è, però, soltanto il termine dello sperare umano, ma anche la sua origine: è il Dio che suscita nell'uomo la speranza illimitata, creandolo come persona (coscienza e libertà) e chiamandolo a sperare oltre la morte e la storia. L'uomo potrà incontrarlo solo nell'opzione di una speranza che trascende il mondo, lo stesso uomo e la storia.

La responsabilità e la speranza-sperante rappresentano due aspetti inseparabili della libertà umana e della sua trascendenza. La responsabilità dell'uomo è possibile in quanto la sua speranza trascende ogni futuro intrastorico e la speranza si può dare solo in una libertà non fondata in se stessa e quindi responsabile. Nella sua responsabilità incondizionata l'uomo è costituito per l'ascolto dell'iniziativa imprevedibile di Dio e nella speranza è aperto alla grazia di una pienezza metastorica, cioè al dono dell'autorivelazione di Dio e all'anticipazione di questa rivelazione nella storia.

Alfaro ha sempre cura di avvertire che questa risposta alla questione di Dio non è una dimostrazione, cioè una conclusione evidente, costringente di un discorso puramente razionale che escluda l'intervento della libertà. Questa risposta è solo una mostrazione, una presentazione dei motivi che giustificano l'opzione di dare senso alla vita credendo in Dio: reciproca implicazione di conoscere e decidere, atto totale di comprendere e optare, comprensione impegnata, persuasione.

Rigorosamente parlando, l'esistenza di Dio non si dimostra: si crede, cioè si afferma una decisione (convinzione) sufficientemente motivata perché sia opzione autenticamente umana[5]. Questa reciproca implicazione del conoscere e del decidere non

---

[5] Il riconoscere che la risposta alla questione di Dio non è una dimostrazione non comporta di per sé che non vi sia la possibilità di mettersi in rapporto con il Divino, Mistero assoluto, Realtà Ultima trascendente, Dio personale, di cui si percepisce la presenza. «Si può conoscere Dio soltanto riconoscendolo, accettandolo come Colui del quale l'uomo non può disporre in

è esclusivamente propria dell'affermazione di Dio; è una legge che governa tutto il campo del meta-empirico (meta-fisico), che richiede una reciproca interazione tra intelligenza e libertà.

Del resto, una dimostrazione evidente, perfettamente razionale, renderebbe impossibile l'opzione della speranza: sarebbe mera previsione di un evento intramondano, sarebbe attesa, ma non speranza.

Il problema di Dio è verificato da Alfaro *a posteriori*, cioè come nucleo profondo a cui rinviano i percorsi dell'esperienza e le condizioni di possibilità delle strutture del conoscere e del decidere. Ma una volta individuato, egli lo riconosce come ontologicamente *a priori*, come nucleo più profondo della struttura costitutiva dell'uomo; essa, in quanto struttura di apertura, manifesta ciò riconoscendo che l'uomo non è rinchiudibile nell'immanenza intramondana e intrastorica.

Posto così il problema di Dio, Alfaro ne ricava una conseguenza di notevole portata per l'uomo: se nel più profondo di sé l'uomo scopre l'esigenza della trascendenza, va riconosciuto che «in ultima istanza non è l'uomo che cerca Dio, ma Dio che

---

alcun modo (nemmeno con l'evidenza di un discorso razionale). Dio, il Mistero assoluto, non si dimostra: è Lui che si mostra, che chiama. Forse non si può dire nulla di più sicuro sul problema di Dio (cioè sulla situazione dell'uomo di fronte a Dio) di questo: esista o non esista Dio, l'uomo potrà incontrarlo soltanto se è disposto ad invocarlo, adorarlo, sperare in Lui […] Dio si fa presente nell'atteggiamento di darsi all'uomo creando in esso libertà, speranza, amore, facendo cioè dell'uomo il suo partner, costituendolo nella situazione dialogica della Chiamata […] Si deve fare un passo oltre: dove c'è libertà c'è coscienza: se Dio è libertà assoluta, è anche Coscienza piena di sé, Pienezza personale. Un Dio impersonale sarebbe superfluo […] Una realtà impersonale, anche supposta autofondante e infinita, non potrebbe essere altro per l'uomo che un oggetto, una cosa che non interesserebbe affatto alla libertà umana. Che un simile Dio esista o meno, nulla cambierebbe nella vita umana. Il problema di Dio è emerso proprio negli atteggiamenti personali che l'uomo è chiamato ad assumere di fronte al senso della sua vita e in questi segni di trascendenza Dio si è manifestato nel suo atteggiamento personale di costituire l'uomo come suo partner dialogico, cioè in atteggiamento creativo di interpersonalità» J. ALFARO, *Dal problema dell'uomo*, pp 286-288.

gli va incontro, costituendolo orientato verso di Sé»[6]. Al fondo dell'esperienza che l'uomo fa di sé, Dio si mostra come Realtà personale in cui lo stesso essere persona dell'uomo trova il suo fondamento ultimo, Colui che rende l'uomo incondizionatamente responsabile, chiamato alla speranza del futuro e ad uscire da se stesso nell'amore.

Queste riflessioni di tipo «filosofico» hanno consentito di aprire una piattaforma di dialogo con il non credente, a partire dalla visione di uomo. Il risultato della ricerca si è manifestato nel percorso della riflessione; la verità emersa non è solo teorica, ma sempre implica una libera opzione dell'uomo, cui è richiesta la capacità di articolare insieme libertà e verità senza ridurre l'una all'altra e senza separarle.

3 - Esistenza cristiana come opzione fondamentale

La questione dell'uomo, come questione del senso della vita, e la questione di Dio, che all'interno della prima si affaccia, si presentano come fecondo ambito della riflessione morale per la rilevanza operativa dell'autocomprensione del credente.

Quanto Alfaro indica nella sua ricerca fenomenologica intorno alle dimensioni fondamentali dell'esperienza umana orienta anche la ricerca volta a delineare il profilo del soggetto morale. Si è già detto che il nostro Autore ha individuato nel domandare, che costituisce il punto di partenza del conoscere umano, la struttura originaria del dinamismo che pone l'uomo in continua ricerca della determinazione del senso del proprio esistere. Il conoscere e l'agire umano si comprendono all'interno di questo dinamismo originario in cui l'uomo si trova a vivere. La scoperta di fini carichi di senso mette in movimento la ragione morale che manifesta la sua forza nella capacità di mostrare al soggetto la possibilità di azioni che conducano al conseguimento della bontà personale. La verità morale è quindi scoperta nel

---

[6] J. ALFARO, *Dal problema dell'uomo*, p. 285.

personale impegno del soggetto attraverso il quale si accede al senso dell'esistere.

Verità e libertà vengono così intese in mutua relazione: solamente l'adesione libera rende accessibile una verità di senso e, reciprocamente, la scoperta della verità come fine di una vita pienamente compiuta rende possibile la libertà altrimenti indeterminata e incapace di compiersi. La storia personale si comprende come dinamismo di crescita in cui vengono scoperte sempre più ampie possibilità di libertà, così che questa si accresca nel perseguirle.

La sincerità con se stessi e l'impegno nel perseguire e attuare il senso della propria vita sono indispensabili per una corretta comprensione del rapporto tra verità e libertà. Una verità che domanda la libera implicazione del soggetto per una precisa opzione antropologica e che perciò lo impegna nell'atteggiamento di profonda veracità, conduce a porre l'interrogativo morale sui fondamenti ultimi di un agire sensato.

La questione di Dio affiora, a questo punto, non tanto come presupposto fondamento ontologico della pretesa morale, ma già a livello gnoseologico[7], giungendo a toccare la stessa ragione morale. Dio si pone nel discorso morale non solo come fondamento ultimo dell'obbligo o della verità della realtà, ma piuttosto come nuova condizione di possibilità della stessa ragione morale; nel dinamismo immanente dello spirito compare già la questione di Dio, la ragione si trova sempre a poter pensare e decidere nell'orizzonte aperto da tale questione. La ragione morale nel suo operare è orientata a dare determinazione a questo pensiero che la domina. Il suo stesso rapportarsi alla realtà mondana, per dare contenuto alle sue decisioni, va inteso nell'orizzonte di questo pensiero.

La ragione morale non è interessata unicamente e primariamente a comprendere la rilevanza normativa di una realtà che sta di fronte al soggetto; suo interesse primario è dispiegare nell'operatività l'autocomprensione del soggetto stesso. In ciò una

---

[7] Si è già visto come, nella prospettiva di Alfaro, è proprio la struttura del domandare che porta a incontrare la questione di Dio.

particolare attenzione assume la coscienza, che non va intesa semplicemente come istanza di applicazione di norme morali già date, ma come istanza che ha competenza per la qualità morale del soggetto, in quanto proprio ad essa è affidato il compito di scoprire ciò che vale e così promuovere la libera decisione. L'uomo viene posto di fronte alla propria identità morale dove percezione e presa di posizione vengono a coincidere. Ciò che costituisce l'esigenza morale è la capacità della coscienza di presentare la valenza operativa del bene da essa scoperto, così che nel libero optare per esso il soggetto diventi buono. L'attenzione che viene, così, prestata nel delineare una autentica personalità morale non si lascia ridurre al solo discorso di un'etica normativa, ma apre al soggetto morale le prospettive di una vita buona, riuscita.

La questione di Dio, che sorge all'interno della domanda che l'uomo è per se stesso, si impone quindi come elemento che contraddistingue la stessa struttura trascendentale dell'uomo. L'apertura alla trascendenza, quale costitutivo più profondo dell'uomo, è l'atteggiamento in cui si incontra un'esigenza di senso per la quale la parola che viene da Dio assume un significato del tutto singolare e rilevante per l'agire morale.

L'intelligenza cristiana dell'uomo è possibile, secondo Alfaro, solamente nell'orizzonte di comprensione aperto dalla fede. Questa, infatti, porta il domandare umano ad incontrare il dono di compimento a cui esso tende, nell'autodonarsi di Dio in Cristo, e nel pervenire a comprendere l'uomo come persona compiuta in Cristo.

Si è detto che la sua riflessione teologica è caratterizzata dallo sforzo costante di rendere intelligibile il problema della presenza dell'Assoluto nel mondo, nella storia e nell'uomo; cioè, il problema dell'immanenza-trascendenza della grazia, intesa in senso ampio, come autocomunicazione divina. La questione implica la corretta comprensione dei due termini in relazione: Dio, che in Cristo si autocomunica, e l'uomo che lo accoglie come suo pieno compimento nella libera disposizione di sé. Nell'opera di chiarificazione della suddetta questione, Alfaro, oltre a svolgere la meticolosa analisi delle strutture costitutive della «creatura intellettuale», di cui si è diffusamente detto, che egli comprende teologicamente nella sua qualità di realtà aperta alla trascendenza, ha compiuto una precisa comprensione della necessaria prospettiva cristologica[8], evidenziando la visione dinamica del rapporto tra la dimensione trascendente della grazia e la sua immanenza nell'uomo.

La riflessione di Alfaro prende avvio dall'analisi del dinamismo costitutivo della «creatura intellettuale». Lo spirito creato è, a un tempo, segnato dalla contingenza e aperto alla trascendenza e perciò collocato nella permanente tensione verso un possibile compimento che sappia risolvere il paradosso che lo costituisce. Solo la visione di Dio può essere il fine ultimo dell'uomo e il termine della sua apertura costitutiva: questa risulta perciò correlata al dinamismo dello spirito umano a cui è immanente. Il punto di partenza per la comprensione del soprannaturale va individuato nella condizione creaturale propria dell'uomo già collocato nella concreta esistenza nella grazia; il soprannaturale può essere inteso non per aggiunta ad una natura umana già in sé definita, ma a partire da essa stessa. Alfaro riconosce così la predisposizione ontologica dell'uomo alla grazia, superando la dicotomia tra l'umano e il cristiano.

«L'implicita presenza di Dio nella "spiritualità-finita" costitutiva dell'uomo non è la grazia in se stessa, ma la radicale capacità di ricevere la grazia [...] La grazia è Dio in se stesso, che si comunica all'uomo e lo chiama alla comunione di vita con Lui; questa chiamata interiore costituisce la dimensione più profonda dell'esistenza umana [...] L'autocomunicazione di Dio in se stesso avviene innanzitutto in Cristo e, mediante Cristo, negli uomini»[9]. Quanto Alfaro afferma circa la particolare comunicazione di Dio nell'umanità di Gesù, tende a riconoscere nella singolarità di Cristo il principio e la misura per la comprensione dell'uomo; così l'antropologia dipende dalla cristolo-

---

[8] «Mérito fundamental de J. Alfaro es sin duda el haber introducido de manera decisiva el elemento cristológico en la discusión sobre el tema del sobrenatural. O, mejor todavía, el haber colocado el problema dentro del marco de la cristología» L. F. LADARIA, «Naturalezza y gracia. Karl Rahner y Juan Alfaro», *EstEcl* 64 (1989) p. 63.

[9] J. ALFARO, *Rivelazione cristiana*, p. 96.

gia. Occorre, però, che la cristologia sappia indicare la particolarità di Cristo di fronte a Dio e, allo stesso tempo, ne mostri l'intrinseca connessione con ogni uomo e con la storia dell'umanità intera; sulla cristologia del nostro Autore si è già detto nel cap. terzo, par. 4, qui ne va evidenziata la rilevanza esistenziale.

È nell'esistenza, infatti, che la struttura di apertura propria dell'uomo e il dono di compimento, che gli è dato nella grazia per una relazione personale con Dio in Cristo, si incontrano nella libera decisione attraverso la quale la persona si fa progressivamente personalità cristiana nel dare un'impronta inconfondibile alla propria vicenda storica. Il cristiano è l'uomo che, di fronte all'autodonarsi di Dio comunicato in Gesù Cristo, impegna totalmente la propria vita nell'opzione fondamentale di fede, che, con una valenza operativa ed esistenziale, non solo dischiude l'orizzonte di comprensione del credente, ma realmente opera la sua identità.

L'opzione fondamentale di fede è la determinazione propria della libertà del cristiano: egli è costitutivamente posto in tale situazione decisionale e appare nella sua esistenza sempre segnato dalla conseguente autodeterminazione. All'opzione fondamentale non corrispondono atti singoli, ma gli atteggiamenti di fede, speranza e carità, i quali ispireranno poi le singole decisioni di cui è intessuta la concreta esistenza cristiana.

Si è già visto come l'esistenza cristiana, che pone l'uomo nella comunione di vita con Dio, attraverso Cristo, nello Spirito, implica inseparabilmente unite fede, speranza e carità come aspetti diversi di uno stesso atteggiamento fondamentale e, come la grazia non è un'altra natura, ma ciò per cui il fondamento spirituale costitutivo dell'essere umano è già aperto alla relazione con Dio, così gli atteggiamenti fondamentali di fede, speranza e carità non vanno pensati accanto alle facoltà spirituali dell'uomo, ma costituiscono la finalizzazione di queste stesse facoltà a vivere nel dono della relazione con Dio. Questo atteggiamento prefigura lo specifico della fede, della speranza e dell'amore cristiani, prefigura cioè la risposta dell'uomo all'autorivelazione di Dio in Cristo nella storia di Gesù il Nazareno.

4 - La speranza quale atteggiamento fondamentale dell'esistenza cristiana

L'analisi delle infrastrutture antropologiche dell'esistenza umana ha mostrato che questa è possibile solo nell'orizzonte aperto ad un futuro promettente; a meno di ciò si ha la paralisi della vita. Dal punto di vista antropologico, Alfaro ha riconosciuto che l'esistenza umana si manifesta come speranza-sperante.

La speranza è il corrispettivo esistenziale della struttura costitutiva dell'uomo quale essere aperto; tale struttura implica il superamento di sé verso la pienezza di autocoscienza e autopossesso, sempre mediate nel rapporto storico con gli altri; la speranza costituisce l'atteggiamento fondamentale che rende possibile questo dinamismo, proprio perchè in essa è dischiuso il senso del futuro verso cui ogni ricercare è orientato.

Alfaro riconosce che l'apertura costitutiva dell'uomo assume la valenza di speranza quando è orientata ad un futuro che non è nè mero sviluppo indefinito di quanto il presente già contiene implicitamente, nè la venuta di un *eschaton* già in sé concluso. La speranza appare tale solamente quando il divenire storico dell'uomo è reale attuarsi di un futuro che l'uomo non può darsi, dunque non già implicito nell'immanenza storica, ma che riceve come dono trascendente e che tuttavia avviene nell'aprirsi libero dell'immanenza umana a tale trascendenza.

Tale struttura della speranza ha la sua verità nel rapporto tra immanenza e trascendenza cristologicamente compreso, cioè a partire dall'evento escatologico di Gesù Cristo[10]. La relazione dell'uomo al futuro trascendente donato da Dio è data e resa

---

[10] Si fa qui riferimento particolare alla Risurrezione di Gesù Cristo quale evento storico-metastorico per cui, pur non essendo deducibile dal processo immanente della storia, dà tuttavia ad esso compimento e ne guida lo svolgersi in quanto la apre al suo senso definitivo. «La funzione rivelatrice di Cristo, basata sull'Incarnazione, giungerà alla sua pienezza nella manifestazione della gloria della Risurrezione, pienezza dell'Incarnazione» J. ALFARO, *Speranza cristiana*, p. 177.

possibile nella realtà gloriosa di Cristo, quale senso definitivo *già* anticipato della pienezza di ciascun uomo *non ancora* compiuta. Tale compiutezza si pone su un piano differente rispetto a quello del futuro intramondano[11], ad essa si accede solo in quanto è accolta in un affidarsi che ha la struttura della fede, dunque solo nell'impegno della propria opzione libera, che così partecipa alla determinazione del senso accolto.

La speranza cristiana si mostra perciò possibile solo nella responsabilità, istituita nell'autentico rapporto dialogico tra libertà umana e divina dal cui incontro la storia viene plasmata. La speranza, quale atteggiamento fondamentale nell'esistenza cristiana, costituisce proprio l'apertura al compimento da essa accolto come promessa e che rende possibile l'optare nel presente.

La speranza, aprendo il tempo dell'uomo sull'eternità, permette di vivere il presente in pienezza come tempo della determinazione di sé di fronte all'eterno. L'opzione per Dio, in Cristo, mediante lo Spirito, sorgente dell'esistenza cristiana, avviene nell'atteggiamento fondamentale della speranza, proprio perché accoglienza di Dio che viene nella sua pienezza escatologica e non dal ricordo di un Dio del passato. La speranza cristiana non va dunque intesa quale attesa di un futuro anonimo, ma come prolessi di un futuro che in essa è *già* donato e che perciò muove il *non ancora* compiuto della risposta umana. La speranza dà forma alla storia dell'uomo proprio nel plasmarla in conformità a questo già donato, suo fondamento è la dimensione escatologica di Cristo che consente al cristiano di vivere nella stessa dimensione escatologica.

La comprensione della speranza cristiana ha una valenza operativa. La sua funzione è l'aprire il futuro per l'agire libero dell'uomo e questo è possibile solo nell'effettivo impegno della libertà. Da tale consapevolezza viene l'insistenza di Alfaro sulla rilevanza operativa dell'atteggiamento fondamentale della spe-

---

[11] Si nega così per essa la deducibilità umana. Poiché tale compimento è dono gratuito e trascendente non si può ridurre la comprensione della risurrezione a rivelazione categoriale dell'evento futuro della salvezza di tutta l'umanità. Questa diverrebbe dato oggettivo per un processo di deduzione necessaria nella quale sarebbe annullata l'effettiva opzione libera.

ranza nella liberazione dell'uomo[12] e nella trasformazione del mondo come progresso. La speranza cristiana, suscitata dal dono dello Spirito, orienta la storia tutta e con essa il mondo dell'uomo verso la loro pienezza nella partecipazione definitiva alla gloria di Cristo.

Come si è detto, Alfaro ha considerato strettamente connessi i tre atteggiamenti della fede, speranza e carità e li ha uniti nell'opzione fondamentale dell'esistenza cristiana. La speranza cristiana è in intima relazione con la fede, che è la memoria vivente, con essa compartecipa la dimensione personale, il suo carattere di opzione, unita alla fiducia. L'atteggiamento della speranza trova intrinseca connessione anche con quello della carità: nella solidarietà umana ciò che si spera per sé si spera per gli altri; questo è il motivo che porta a compromettersi per gli altri nella trasformazione del mondo per il progresso umano.

Tra i maggiori limiti che Alfaro indica nella teologia della speranza scolastica e post-tridentina v'è la dimenticanza della dimensione comunitaria[13] in essa implicita, dimensione che, invece, è costantemente presente nella testimonianza biblica e, in specie, neotestamentaria. Egli, quindi, compie alcune riflessioni proprio sulla dimensione comunitaria della speranza cristiana, ponendo la testimonianza biblica quale basamento della sua prospettiva teologica; in maniera analoga il nostro Autore si muove nell'inquadrare il problema concernente la speranza cristiana e il senso ultimo della storia.

5 - La dimensione comunitaria della speranza cristiana

La dimensione della speranza appare non solamente nel destino individuale dell'uomo, ma anche nel destino comune di

---

[12] Occorre ricordare che il titolo dato all'opera dedicata da Alfaro alla speranza cristiana ha come termine correlativo proprio la liberazione dell'uomo.

[13] J. ALFARO, *Speranza cristiana*, p. 107.

tutta l'umanità. Il problema dell'avvenire di tutta la comunità umana si impone sempre di più alla coscienza dell'uomo d'oggi: il futuro dell'umanità è quello di tutti e di ciascuno; tutti sentono la missione di portare l'umanità ed il mondo ad un domani migliore. L'esistenza dell'individuo si svolge nel cammino dell'umanità verso il futuro.

Ogni persona, in se stessa unica e irripetibile, appartiene alla comunità umana. Tale appartenenza si manifesta in una esperienza che è diventata sempre più cosciente ed ha assunto aspetti di notevole importanza: esperienza di comunione, di coscienza, di pensiero e di libertà, di convivenza e di comune destino. Essa è espressa col termine «solidarietà», designante il vincolo ontologico che unisce ogni uomo con tutta l'umanità. Si tratta quindi di una dimensione fondamentale dell'essere umano, dalla quale scaturisce l'impegno, a tutti comune, di collaborare al bene della comunità umana e al progresso delle sue strutture.

La «comunità umana» è ben diversa dalla «società umana». La seconda esprime la forma concreta e mutevole della comunità, con finalità particolari e retta da determinate norme giuridiche, all'interno della quale vivono e operano gli uomini. La prima designa, invece, la realtà più profonda e comprensiva che sta alla base di ogni società. L'elemento previo e essenzialmente permanente della comunità umana risiede nell'essere personale dell'uomo; la comunità umana non è pura e semplice somma numerica delle persone che la costituiscono, ma una realtà qualitativamente nuova rispetto ad esse, perché nella comunità le persone sono unite proprio come persone, ossia come comunione di coscienza e libertà, e non per un legame che sia esterno ad esse.

Il rapporto ontologico tra comunità e persona è del tutto singolare, perché si tratta di realtà irriducibili fra loro e anche irriducibili ad un'altra realtà che conglobi l'una e l'altra. La dialettica tra comunità e persona non è di esclusione, opposizione o assorbimento, ma di mutua inclusione e di scambievole crescita. L'una e l'altra richiedono di essere reciprocamente riconosciute nel valore che le costituisce.

Già dai suoi inizi, la Chiesa si presenta come la comunità di coloro che credono in Cristo risorto (1Cor 15,1-22; Rm 10,9-10;

Fil 2,9-11; At 2,24.32.38) e attendono la manifestazione definitiva della Sua gloria alla fine dei tempi (1Ts 1,10; 4,16-18; 1Cor 1,7-8; 16,22). La Chiesa è il nuovo Israele in esodo, il popolo pellegrinante verso il futuro della pienezza escatologica nell'incontro con Cristo glorificato (Eb 13,13; 9,28; Fil 3,20-21; 1Ts 4,17).

Negli scritti paolini si trova una riflessione teologica sulla dimensione comunitaria-ecclesiale della speranza, che parte dal significato salvifico-escatologico della risurrezione di Cristo per tutta l'umanità. Cristo risuscitò come «primizia» (1Cor 15,20.23) dei morti. Con questo termine S. Paolo non esprime una priorità puramente temporale della risurrezione di Cristo, né unicamente la sua esemplarità rispetto alla nostra futura risurrezione; il legame tra la Sua Risurrezione e la nostra è molto più profondo. In Cristo risorto è già iniziata e inclusa la nostra futura salvezza (1Cor 15,22.57; 2Cor 4,14; Rm 6,8; Col 2,12); il termine «primizia» significa che Gesù è il primo di una serie, ma anche che la sua risurrezione è costitutiva per gli altri. L'umanità partecipa solidalmente al destino glorioso di Cristo. Cristo risorto include in sé tutta l'umanità e in Lui si inaugura l'era futura della salvezza piena e definitiva.

Gli attributi di «primogenito tra molti fratelli» (Rm 8,29) e «primogenito di coloro che risuscitano dai morti» (Col 1,18) hanno un significato molto simile a quello di «primizia dei morti». Appare, con maggior risalto, l'aspetto della solidarietà del Risorto con i suoi fratelli, gli uomini. Egli non è solo il «primo nella risurrezione dei morti», ma anche l'instauratore della nostra risurrezione futura, della nuova e definitiva creazione. È il nostro precursore non solo perché ci ha preceduto nel cammino verso la vita immortale di Dio, ma perché è il «capo» e «precursore» della salvezza futura (At- 26,23; Eb 6,20; 2,10).

Tutti questi concetti vogliono significare che Gesù risorto è l'instauratore dell'ultima e nuova era della storia, cioè del futuro dell'umanità come futuro di salvezza. La risurrezione di Cristo è garanzia della nostra risurrezione futura; è il principio della fine, il compimento anticipatore della risurrezione dai morti (1Cor 15,23-28). La risurrezione di Cristo come anticipazione della nostra e la nostra risurrezione futura come partecipazione alla risurrezione di Cristo già avvenuta: ecco il mistero dell'inclusione del destino dell'umanità nel destino di Cristo (1Cor 1,9; Rm 6,8; 8,17.29: Fil 3,21; Eb 3,14).

La relazione tra la risurrezione di Cristo e quella dai morti appare con una caratteristica nuova in 1Cor 15,45: come il primo uomo, Adamo, divenne per la creazione divina un essere vivente, così il nuovo e ultimo Adamo, Cristo, è diventato nella sua risurrezione «spirito vivificante». È la potenza creatrice di Dio che dà la vita nuova ai morti (Rm 4,17; 8,11). Nella risurrezione di Cristo il potere creatore di Dio ha compiuto l'atto definitivo e irrevocabile (Ef 1,19-22); non solamente ha dato a Cristo una volta per tutte la vittoria sulla morte, ma lo ha trasformato in «principio vivificante» dell'umanità, sottoposta alla legge della morte: «Come tutti muoiono in Adamo, così tutti riceveranno la vita in Cristo» (1Cor 15,22). Ritorna, ancora, il concetto della solidarietà. In Cristo risorto è già iniziata la vita nuova per l'umanità; la sua vittoria sulla morte è vittoria per noi. L'evento della risurrezione di Cristo anticipa il futuro dell'umanità e garantisce così la nostra speranza.

Il testo più esplicito del NT sulla dimensione comunitaria della speranza cristiana lo si trova in Ef 4,4-6. In una breve e densa sintesi vengono poste in rilievo l'unità della Chiesa e la funzione essenziale della speranza in tale unità: «Un solo Corpo e un solo Spirito, come una sola è la speranza alla quale siete stati chiamati, quella della vostra vocazione. Un solo Signore, una sola fede, un solo battesimo. Un solo Dio Padre di tutti, che è al di sopra di tutti, agisce per mezzo di tutti ed è presente in tutti». L'idea dell'unità domina il testo: l'unità di Dio, Padre di Cristo e Padre nostro in Cristo, che mediante Cristo ci dà il suo Spirito; l'unità di Cristo, il Signore; Capo della Chiesa, centro della fede e fondamento della speranza; l'unità dello Spirito, mediante il quale Cristo è presente nella Chiesa. Segue l'unità della comunità ecclesiale, che proviene dall'unico Dio, mediante l'unico Signore, nello stesso Spirito. L'unità della Chiesa è costituita da tutti i suoi membri nella stessa fede e nella stessa speranza, il vincolo ecclesiale dell'amore fraterno viene segnalato in Ef 4,15-16, professando la verità (il Vangelo) nell'agape.

La Chiesa è quindi comunione di vita con Dio, mediante Cristo, nello Spirito (Ef 2,18): una comunione compiuta nel vincolo della stessa fede, della stessa speranza e dell'amore fraterno.

L'unità della Chiesa, sostenuta dalla presenza dello stesso Spirito in tutti i suoi membri, si realizza concretamente nell'unione dei cristiani in «una sola speranza», che costituisce la loro vocazione comune e solidale (Ef 1,18; Rm 8,17-18.29; Tt 3,7). Questa speranza che accomuna i cristiani e costituisce l'unità della Chiesa è opera dello Spirito Santo (Rm 5,5; 15,3; 8,23; Gal 5,5), la cui presenza nella Chiesa e nel cuore dei credenti è garanzia e compimento anticipato della salvezza ventura (Ef 1,18: Rm 8,11.23; 2Cor 1,22; 5,4-5).

La speranza cristiana appartiene all'unità della Chiesa ed ha lo stesso fondamento dell'unità della Chiesa. Non è dunque una speranza puramente individuale, ma essenzialmente comunitaria ed ecclesiale; unisce i cristiani nella loro comune relazione a Cristo; «Questo Gesù, che è stato tra di voi assunto fino al cielo, tornerà un giorno allo stesso modo in cui l'avete visto andare in cielo» (At 1,11). È una speranza di tutti e di ciascuno per tutti, perché per essa tutti e ciascuno entrano in comunione di vita con Cristo mediante lo stesso Spirito. Così unisce tutti i membri della Chiesa in una vocazione comune, nel vincolo della pace.

L'analisi di Ef 4,4-6 esige un riferimento a Col 3,12-15. In tutti e due i passi si esortano i cristiani all'unità e si afferma l'unità di tutti «in un solo Corpo». Ma in Col 3,14 si afferma che l'amore vicendevole è il vincolo per eccellenza che unisce i cristiani nel Corpo ecclesiale e li fa solidali gli uni con gli altri. Esiste qualche relazione tra il vincolo della speranza e quello dell'amore vicendevole? Non si può dimenticare che gli scritti paolini presentano l'infinito amore di Dio in Cristo come fondamento di una illimitata speranza di tutti per tutti (Rm 5,8-11; 8,31-39; Ef 1,3-14; 2,4-7), e dell'amore degli uni per gli altri (Ef 4,32; 5,1-2.25; Col 3,12-14; Fil 2,1-9; 2Cor 8,7-14).

La solidarietà di Cristo con tutti gli uomini esige la solidarietà degli uomini tra di loro nella stessa speranza e nell'amore vicendevole, come due aspetti di una stessa risposta all'amore di Dio verso tutti in Cristo. Se, d'altra parte, il vincolo della carità ha il primato nell'unione degli uomini tra loro, si deve concludere che la solidarietà di tutti nella stessa speranza ha le sue radici nell'amore vicendevole. Appare quindi conforme al pensiero paolino la profonda intuizione di S. Tommaso quando afferma che l'atto di sperare la salvezza per gli altri ha il suo fondamento nell'amore per il prossimo; l'amore ci identifica con gli altri e, per questo, ci spinge a sperare per essi quello che speriamo per noi stessi. Come si ama Dio, se stessi e il prossimo con la medesima virtù teologale della carità, così si spera la salvezza per noi e per gli altri con la stessa virtù teologale della speranza[14].

La visione paolina della Chiesa, come comunità unificata in Cristo e sostenuta dal suo Spirito nell'unità della fede, della speranza e dell'amore, è stata recepita dal Vaticano II: Cristo ha costituito e sostiene continuamente la Chiesa come «comunità di fede, speranza e carità [...] Egli la sostenta incessantemente e se ne serve per espandere su tutti gli uomini la verità e la grazia» (LG 7). La Chiesa è «per l'intera umanità, germe sicurissimo di unità, di speranza e di salvezza. Costituito da Cristo per la comunione di vita, di carità e di verità, viene assunto da Lui come strumento di redenzione per tutti» (LG 9). Questi due testi dimostrano che il Concilio considera il vincolo comunitario della fede, della speranza e della carità, come costitutivo della sacramentalità della Chiesa. In questo modo, integra la dimensione comunitaria della fede, speranza e carità nel suo concetto fondamentale della Chiesa come sacramento dell'unione intima con Dio e dell'unità di tutto il genere umano (LG 1.8.9.48).

La carità cristiana si inserisce nella stessa indole comunitaria dell'uomo, che non può raggiungere la sua pienezza personale se non nel dono sincero di se stesso agli altri. Cristo, chiamando tutti gli uomini alla salvezza come partecipazione di tutti alla comunione di vita con Lui, ha creato un nuovo vincolo di unità e di solidarietà tra gli uomini. Tutta l'umanità è destinata a for-

---

[14] S. TOMMASO, *Summa Theologiae* II-II, q. 17, a. 3.

mare un solo popolo di Dio, la Chiesa, che nella solidarietà della speranza e dell'amore cammina verso la salvezza promessa (GS 1.13.22.24.45.18).

La speranza cristiana appare come vincolo comunitario ed ecclesiale che ha la sua radice nell'amore mutuo. Rimane escluso ogni atteggiamento privatistico della speranza, come opposto alla legge fondamentale del cristianesimo: l'amore di Dio compiuto nell'amore degli uomini. Il cristiano non può sperare la propria salvezza se non nella speranza della salvezza di tutti gli uomini. In questa solidarietà della speranza, fondata nella fede e vivificata dall'amore, si produce l'avvenimento della Chiesa come sacramento universale della salvezza.

6 - La speranza cristiana e il senso ultimo della storia e della creazione

La risurrezione di Cristo è stata compresa dalla fede ecclesiale come glorificazione del Gesù crocifisso nella totalità del suo essere umano, come pure nella sua corporeità (1Cor 15,35-45; At 2,36; 4,10; 13,30); cioè nel suo rapporto agli uomini e al mondo.

La proclamazione del Risorto come «il Signore» gli attribuiva il dominio divino sulla storia dell'umanità e sulla creazione: «per noi c'è un solo Dio, il Padre, dal quale tutto proviene e noi siamo per Lui; e un solo Signore, Gesù Cristo, in virtù del quale esistono tutte le cose e noi esistiamo per Lui» (1Cor 8,6).

La storia e il mondo hanno ricevuto da Cristo risorto il loro significato ultimo. Ci sono negli scritti paolini tre passi di particolare importanza a questo riguardo: Col 1,15-20; Ef 1,10.22-23; 3,11; Rm 8,19-25.

L'inno di Col 1,15-20 vede tutto l'universo in relazione a Cristo: «per mezzo di Lui sono state create tutte le cose, quelle nei cieli e quelle sulla terra, quelle visibili e quelle invisibili [...] Tutte le cose sono state create per mezzo di Lui e in vista di Lui. Egli è prima di tutte le cose e tutte sussistono in Lui [...] e per mezzo di Lui riconciliare a sé tutte le cose, rappacificando con il sangue della sua croce, cioè per mezzo di Lui, le cose che stanno sulla terra e quelle nei cieli» (Col 1,16.17.20). Cristo è il primogenito di tutta la creazione, «generato prima di ogni creatura» (Col 1,15). Non si tratta di una priorità puramente temporale, ma di un primato di preminenza su tutto l'universo, come lo spiega il versetto successivo «per mezzo di Lui sono state create tutte le cose». Lo stesso significato ha la frase: «Egli (Cristo) è prima di tutte le cose», immediatamente preceduta e seguita dall'affermazione della dipendenza di tutta la creazione nei confronti di Cristo (Col 1,16-17). Identico è il significato del primato di Cristo su tutte le cose (Col 1,18), che si basa sulla potenza creatrice di Dio in Cristo e sulla sua azione salvifica su tutta la creazione.

L'universo è stato creato e sussiste in rapporto a Cristo. Tale relazione completa di subordinazione a Cristo è espressa dalle preposizioni in, attraverso, per; tutta la creazione, tanto nella sua origine, quanto nel suo sussistere e nella sua finalità, ha la sua ragion d'essere in Cristo: supremazia di Cristo su tutto il creato e finalizzazione dell'universo in Cristo, ecco i due punti sui quali l'esegesi moderna di Col 1,15-20 unanimemente coincide.

I versetti 19-20 propongono l'ultima spiegazione della cristofinalizzazione dell'universo: Dio si è «compiaciuto in Cristo», «il Figlio suo amato» ed ha voluto salvare, mediante Lui tutta la creazione. La subordinazione dell'universo a Cristo appare integrata nella sua funzione redentrice. Il mondo è stato creato da Dio, ma Dio, nel suo disegno di creazione e di salvezza, ha voluto riservare al «Figlio suo amato» il primato sul mondo e sulla storia; ha tutto creato in ordine a Cristo, per dargli la signoria universale. Cristo è il fine della creazione del mondo. La creazione era anticipatamente ordinata a Lui, alla sua glorificazione nella risurrezione.

Il primato di Cristo risorto sull'umanità, il mondo e la storia costituisce il tema centrale di Ef 1,3-11; 20-23 e 3,11. Dio, nell'iniziativa assolutamente gratuita del suo amore, ha voluto realizzare in Cristo «la pienezza dei tempi», cioè portare la storia al suo definitivo compimento: «il disegno di ricapitolare in Cristo tutte le cose».

La ricapitolazione di tutta la creazione in Cristo significa che Dio ha costituito Cristo risorto Capo dell'universo, sottomettendo tutto alla sua sovranità e unificando, in questo modo, tutta la creazione in Lui. La ricapitolazione di tutto in Cristo consiste nel fatto che Dio, con Cristo, ha dato all'universo un Capo, che è a un livello superiore, in cui tutto è unificato e sottomesso.

Cristo risorto ha ricevuto da Dio la signoria sul mondo presente e sul futuro. I tempi della storia umana sono stati integrati da Dio nell'avvenimento della glorificazione di Cristo. Il disegno di Dio di dare, in Cristo, pienezza alla storia, si sta realizzando fin da ora in virtù della sua risurrezione. Ma Cristo aspetta «ormai solo che che i suoi nemici vengano posti sotto i suoi piedi», siano definitivamente sottomessi a Lui e, in Lui, a Dio (Eb 10,13; 1Cor 15,24-28). La pienezza della storia, come storia di salvezza, non s'è ancora manifestata, Cristo sta già venendo (Ap 1,4), ma ha ancora da venire (1Cor 16,22; Ap 22,17.20). L'umanità, il mondo e la storia sono, allo stesso tempo, salvati e minacciati dal peccato e dalla morte. La glorificazione di Cristo, come anticipazione del futuro della storia, si è compiuta e deve compiersi.

Secondo S. Paolo, tutto l'essere dell'uomo, nella sua interiorità e nella sua corporeità, è orientato dallo Spirito di Cristo alla piena partecipazione alla gloria del Risorto (1Cor 1,9; 1Ts 4,17; Rm 8,29; Fil 3,21). Questa partecipazione futura comincia già nell'attuale comunione di vita con Cristo mediante la fede e la speranza (Gal 2,20; 3,27; Ef 3,17; Rm 6,11). La trasformazione integrale dell'uomo mediante il dono dello Spirito è la «nuova creazione» di Dio: «Quindi se uno è in Cristo, è una creatura nuova; le cose vecchie sono passate, ecco ne sono nate di nuove» (2Cor 5,17). È già giunta per noi «la fine dei tempi», l'era nuova e definitiva (1Cor 10,11). Il futuro della nuova creazione si sta compiendo anticipatamente nel rinnovamento progressivo dell'uomo sotto l'azione dello Spirito. Questa anticipazione della risurrezione ventura si realizza proprio nella speranza (Rm 8, 23-24).

Ma non è solo l'uomo che è orientato, sin da ora, dalla presenza dello Spirito; tutta la creazione è stata integrata in questo destino a causa dell'uomo cristiforme. È questa l'affermazione fondamentale di S. Paolo in Rm 8,19-25.

L'immediato contesto nel quale troviamo questa importante pericope paolina è incentrato sulla speranza della risurrezione dai morti, garantita dalla risurrezione di Cristo e dal dono del suo Spirito (Rm 8,11.14-18.23-25.29-30). S. Paolo non concepisce la liberazione futura dell'universo se non nella prospettiva della glorificazione di Cristo nel suo Corpo (1Cor 15,44-49) e della salvezza dell'uomo nella sua stessa dimensione corporea (Rm 8,23). È precisamente sulla corporeità che si fonda la relazione dell'uomo Cristo e di ogni uomo al mondo.

È evidente che, quando S. Paolo afferma che l'universo attende (Rm 8,19) la rivelazione escatologica «dei figli di Dio» (Rm 8,19-20), glorificati con Cristo (Rm 8,29-30), e vi aspira, usa un linguaggio metaforico e indica unicamente la partecipazione di tutta la creazione alla salvezza definitiva dell'uomo mediante Cristo.

Parla pure metaforicamente, quando presenta l'universo come sottoposto contro la sua volontà alla caducità (Rm 8,20). Non è chiaro se questa situazione della creazione, dominata dal nulla e dalla caducità (Rm 8,20-21), appartenga semplicemente alla sua condizione creaturale o sia, invece, conseguenza del peccato. Ma l'incertezza su questo particolare lascia intatta l'idea principale della pericope che si riferisce al futuro dell'universo e che risulta, con tutta chiarezza, dai versetti 19 e 21: tutta la creazione è ordinata verso la pienezza futura dell'uomo e sarà liberata dalla caducità attraverso la sua integrazione nella gloria ventura dell'uomo risorto con Cristo.

La solidarietà fra l'umanità e l'universo, nella comune situazione del provvisorio e del caduco (Rm 8,22-23.25.18), è accompagnata dalla solidarietà della stessa speranza nella liberazione futura (Rm 8,19.20.23.25). È la speranza dell'uomo nella risurrezione (Rm 8,17-18.23-25) che permette a S. Paolo di parlare della speranza di tutta la creazione: la speranza cristiana porta l'universo al futuro della salvezza.

Nei versetti 23-24 S. Paolo riprende il tema della pericope precedente (Rm 8,14-18): noi stessi, avendo già le primizie dello Spirito, attendiamo l'adozione filiale, la redenzione del nostro corpo; siamo salvati nella speranza. Abbiamo qui, in sintesi, la visione paolina sul futuro dell'uomo e dell'universo.

L'uomo ha ricevuto da Cristo, mediante il suo Spirito, «l'adozione filiale» come inizio e garanzia della pienezza di questa stessa adozione con la risurrezione dai morti (Rm 8,11-18.23-24). È lo Spirito di Cristo risorto che orienta l'umanità, e in essa l'universo, alla partecipazione alla gloria di Cristo; attraverso la corporeità dell'uomo, «la redenzione del nostro corpo» (Rm 8,23), «la creazione stessa attende con impazienza la rivelazione dei figli di Dio [...] e nutre la speranza di essere lei pure liberata dalla schiavitù della corruzione» (Rm 8,19-21).

La creazione è integrata nel destino dell'uomo, è vincolata al destino dell'uomo; esistono una graduazione e una subordinazione nel processo della glorificazione: Cristo, i figli di Dio, la creazione. Associazione della creazione al destino dell'uomo, un destino già anticipato dalla presenza dello Spirito come possesso iniziale della salvezza futura dell'uomo nel suo stesso corpo (che parteciperà della gloria di Cristo): questo si afferma in Rm 8,19-25. È un'affermazione sobria, che evita ogni rappresentazione fisicista su una futura trasformazione del mondo (come nel caso della risurrezione di Cristo). Ma è un'affermazione importante perché esprime qualche cosa di decisivo sul significato ultimo dell'universo e della storia in relazione all'umanità redenta da Cristo e definitivamente in relazione a Cristo. «Ma voi siete di Cristo e Cristo è di Dio» (1 Cor 3,23)[15].

Ispirandosi a Ef 1,10, Col 1,15-20 e Rm 8,19-24, il Concilio Vaticano II afferma espressamente che la storia e l'universo sono finalizzati a Cristo glorificato e che la salvezza ventura è anticipata già adesso dal dono dello Spirito quale pegno e prin-

---

[15] La cristofinalizzazione della storia e della creazione costituisce un tema particolare della teologia di Sant'Ireneo. Tanto nell'esegesi patristica, orientale e occidentale, quanto nella liturgia dell'Avvento e della Pasqua, e nell'archeologia cristiana, questo tema è stato svolto con una notevole ricchezza di pensiero. Nella teologia medievale merita speciale attenzione la posizione di J. Duns Scoto sul primato universale di Cristo nel disegno salvifico di Dio, che è stata approfondita nel secolo XIX da M. J. Scheeben. Dopo la seconda guerra mondiale, la teologia cattolica (sotto l'influsso della ricerca biblica moderna e del pensiero di Teilhard de Chardin) è entrata decisamente nella visione cristocentrica della storia e della creazione.

cipio della risurrezione: «Il rinnovamento promesso, che stiamo aspettando, è già incominciato con Cristo, viene portato avanti con la missione dello Spirito Santo e per mezzo di Lui continua nella Chiesa. Nella Chiesa noi veniamo istruiti nella fede anche sul senso della nostra vita temporale, quando portiamo a termine il lavoro che il Padre ci ha assegnato da svolgere nel mondo con la speranza dei beni futuri, lavorando così per la nostra salvezza. La fine dei tempi è già dunque arrivata per noi, il rinnovamento del mondo è stato irrevocabilmente deciso e in qualche modo realmente anticipato nel tempo presente [...] ma non siamo ancora apparsi con Cristo nella gloria, quando saremo simili a Dio perchè lo vedremo così come Egli è» (LG 48).

«Il Signore (Cristo) è il fine della storia umana, il punto focale dei desideri della storia e della civiltà, il centro del genere umano, la gioia di ogni cuore, la pienezza delle loro aspirazioni [...] Nel suo Spirito, vivificati e coadunati, noi andiamo pellegrini incontro alla finale perfezione della storia umana, che corrisponde in pieno col disegno del suo amore: Ricapitolare tutte le cose in Cristo, quelle del cielo come quelle della terra». (GS 45).

Come fondamenti di questo inizio dell'*eschaton* della storia, il Concilio segnala la glorificazione di Cristo quale Signore della creazione, la presenza del suo Spirito nella Chiesa, e la trasformazione integrale dell'uomo (nella sua interiorità e nella sua corporeità) mediante lo Spirito (LG 49; GS 18,22).

La speranza cristiana, suscitata dal dono dello Spirito, orienta la storia e l'universo verso la loro pienezza definitiva nella partecipazione alla gloria di Cristo. Quanto vi è di buono nell'azione dell'uomo sul mondo e nella storia sarà integrato nella salvezza ventura (GS 38-40.57).

CONCLUSIONI

L'approccio alla tematica della speranza nasce dall'interesse personale per l'argomento, per questa dimensione riscontrabile nella vita di ogni uomo e costantemente presente nella storia dell'umanità, sia pur con diverse connotazioni e con i più disparati oggetti e finalità. L'apparente semplicità della questione, data dal quotidiano sperare di ciascuno, fa intravedere la particolare complessità dei suoi elementi e la grande varietà dei suoi significati.

Molte e varie sono le speranze, di natura e di qualità assai diverse. Per poter parlare di speranza, e non di speranze, occorre individuare la speranza fondamentale, quella a base di tutte le altre. Ma dove ricercarla? In che direzione tendere il nostro futuro?

Quando il futuro comprende soltanto l'ambito storico, genera speranze puramente umane, soggette a fallimenti; quando oltrepassa la storia e raggiunge la sfera del divino – la parola di Dio, la Sua fedeltà, il Suo amore – si conforma alla virtù teologale della speranza. Ci sono, dunque, le speranze umane che ci vivificano, suscitano energie, costruiscono il futuro, alimentano la storia, ma che anche ci tormentano e disilludono, perché defettibili, e c'è la speranza teologale che trasfigura la vita, ma che esige anche molto coraggio perché avanza nel buio della fede. In quanto virtù teologale, la speranza affonda le radici in Dio, dunque è capace di prospettive umanamente inconcepibili; essa è una virtù difficile, fatta di umiltà e di fiducia.

Nel percorso della mia indagine ho scelto come guida il Padre Juan Alfaro. Egli mi ha particolarmente colpito per l'approccio metodologico e le coordinate su cui ha saputo imperniare il discorso sulla speranza, da lui vista come atteggiamento fondamentale dell'uomo aperto alla trascendenza.

La riflessione teologica di Alfaro si fonda sempre nell'ambito dell'iniziativa o disegno di Dio, che vuole comunicarsi agli uomini per salvarli e sull'accettazione dell'invito divino da parte degli uomini, nell'atteggiamento congiunto di fede, speranza e carità. Accoglienza totale, corrispondente al dono totale del Padre nel Figlio, che implica la conversione a Dio con tutto il cuore, con tutta l'anima e con tutte le forze, per l'azione interiore dello Spirito; cioè la trasformazione di tutta la persona e del mondo. Dio si rivolge all'uomo offrendogli la sua grazia e salvezza, rivelandogli i segreti della sua vita intima ed i disegni del suo amore per lui; l'uomo è ascoltatore della parola, destinatario e ricettore della bontà divina.

Si deve, pertanto, riservare la massima attenzione alla conoscenza dell'uomo in quanto partner di Dio e suo interlocutore, senza, con ciò, confondere la teologia con l'antropologia, né per il metodo né per l'oggetto. Per Alfaro la teologia, in quanto scienza della conoscenza di Dio, potrà assolvere il suo principale incarico al servizio della Chiesa nella misura in cui sarà capace di affondare le sue radici nella terra degli uomini. Il primo passo della teologia sarà, dunque, quello di aiutare gli uomini a scoprire il loro vero volto e la vocazione alla quale sono chiamati per Dio in Cristo. Compito esigente e per niente facile: si chiede al teologo di approfondire non solo l'antropologia filosofica, ma tutte le scienze umane.

L'autocomprensione dell'uomo, come requisito per la comprensione di Dio, ha un punto di riferimento obbligato e inevitabile: Gesù Cristo, Verbo del Padre fatto uomo. In Cristo incontriamo la nostra umanità, con tutti i suoi interrogativi, con i suoi timori e con le sue speranze; la divinità di Dio si offre a noi come risposta e superamento di tutto ciò che siamo e speriamo.

L'evento escatologico di Cristo si pone, perciò, come risposta, assolutamente gratuita, alla questione antropologica. La parola che Dio rivolge agli uomini è il suo Verbo, la grazia che Dio dà agli uomini è il suo Figlio[1]. Tutto il discorso su Dio deve

---

[1] «Le parole di Dio, espresse con lingue umane, si sono fatte simili al linguaggio degli uomini, come già il Verbo dell'eterno Padre, avendo assunto le debolezze della natura umana, si fece simile agli uomini» (DeV 13).

essere fatto a partire da Cristo; di Cristo parlano le Scritture, in esse lo incontriamo. A Lui dobbiamo affidarci nella fede, nella speranza e nell'amore.

In tale prospettiva, l'intenzione di Alfaro è di rendere comprensibile l'autocomunicazione di Dio nella grazia e nella rivelazione, così come mostrare il significato della risposta umana che, assunta nella libera e cosciente responsabilità, diventa capace di portare l'uomo ad un'esistenza nuova.

Dalla antropologia teologica e dalla teologia antropologica di Alfaro si possono estrarre i nuclei dominanti della sua riflessione. Essi sono: la comprensione dell'uomo come costitutivamente aperto alla trascendenza, la considerazione cristiana dell'uomo nel suo essere persona in Cristo e il dinamismo dell'esistenza cristiana nel dono della fede, speranza e carità. Nel nostro Autore si apprezza una costante preoccupazione per la fedeltà all'uomo concreto e alle sue problematiche nel mondo attuale; la sua riflessione mostra un'evoluzione nel corso delle opere ed anche un importante cambio di prospettiva, ben indicato nel titolo dell'ultimo libro: *Dal problema dell'uomo al problema di Dio*. Nell'insieme del suo insegnamento e nello svolgersi del suo pensiero egli ha cercato sempre una risposta ai problemi dell'esistenza umana.

Per Alfaro, l'interrogarsi e il cercare costituiscono propriamente la radice di ogni attività dell'uomo, ne costituiscono la dimensione ontologica fondamentale; nello sconfinato orizzonte dell'interrogarsi dell'uomo si staglia una domanda che si presenta come quella più vitale e più vicina all'esistenza e implicitamente presente in ogni altra domanda: l'interrogarsi dell'uomo su se stesso, sul senso della propria vita.

Sono tante le esperienze di vita e di esistenza che portano con sé la domanda su se stesso. Una tra queste è l'esperienza vissuta dell'insuperabile dislivello tra la finitezza del proprio essere e dei propri atti e l'illimitatezza della propria speranza; l'uomo può realizzarsi solo raggiungendo mete concrete, che sono sempre superate dalla sua aspirazione tendente continuamente ad andare oltre l'obiettivo raggiunto: è l'esperienza dell'«inquietudine fondamentale», insopprimibile tensione verso una pienezza che l'uomo non può, con le proprie forze, realizzare definitivamente. Siffatto paradosso fa sì che ogni uomo diventi necessariamente un interrogativo ai propri occhi: è la domanda cruciale che tutti comprendono perché tutti la vivono. La domanda fondamentale, quella sul senso della vita, implica indissolubilmente uniti il «perché» dell'origine ed il «per cui» dell'avvenire e, sotto il primato di quest'ultimo, il «che sarà di me?». È questo l'interrogativo che sconvolge ogni uomo nelle fibre più profonde del suo essere. La domanda si configura, così, come un grande punto interrogativo che abbraccia tutta la vita: l'uomo, situato nel presente, s'interroga sul mistero del proprio passato e del proprio futuro[2].

Il nostro Autore cerca di rispondere alla questione dell'uomo attraverso l'analisi delle dimensioni fondamentali dell'esistenza umana, nessuna esclusa, in quanto ciascuna proietta una luce propria sul senso della vita umana; per non avere una visione deformata dell'uomo, l'analisi deve, però, tenere in debito conto la totalità e la reciproca relazione delle diverse dimensioni, queste, infatti, si richiamano reciprocamente, come aspetti immanenti dello stesso interrogativo: «che cosa è l'uomo». Il processo di ricerca di una risposta alla questione sull'uomo parte, dunque, dalle esperienze vissute, innervate nello stesso esistere umano; solo in esse possono emergere, nella loro origine, le strutture ontologiche costitutive dell'uomo.

L'interesse per l'indagine delle strutture su cui si basa l'esistenza umana porta Alfaro a delineare un'antropologia attenta alle forme proprie dell'autocomprensione dell'uomo del suo tempo. L'unità tematica di fondo si colora di prospettive di volta in volta nuove: nella sua ricerca viene accentuata ora la dimensione personale dell'esistenza umana, ora il suo rapportarsi al mondo, ora la sua relazione con gli altri uomini e con la comunità umana, ora la situazione limite della morte, ora l'evidenziazione della dimensione esistenziale in un uomo che si percepisce come essere storico.

---

[2] «La domanda fondamentale, implicita in ogni domanda, è quella del perché ultimo dell'uomo stesso, di sé come essere problematico, radicalmente insoddisfatto, angosciato, coscienza infelice, bisogno dell'infinito» G. MAGNANI, *Filosofia della religione,* Roma 1993, p. 9.

La fenomenologia dell'esistenza, sempre contraddistinta dalla speranza, rivela la persona umana come soggetto autocosciente e libero, chiamato alla trascendenza attraverso l'azione interpretativa del senso della sua esistenza, e mostra l'uomo, posto di fronte alla opzione della speranza o della disperazione, aperto alla speranza trascendentale.

Le categorie temporali e le considerazioni intorno al divenire della storia fanno balzare in primo piano la dimensione del futuro e con essa la categoria della speranza. La dimensione della speranza personale si evidenzia in modo concreto nella situazione dell'uomo assoggettato alla drammatica realtà della morte; da qui la funzione propria della speranza nella liberazione personale dal potere della morte. La tensione escatologica della speranza è radicata nell'evento Morte–Risurrezione di Cristo, culmine dell'Incarnazione del Figlio di Dio. Cristo conferisce un senso nuovo e definitivo all'umanità, al mondo ed alla storia.

Il vero adempimento della speranza cristiana, ed il conseguente compito di trasformare il mondo al servizio della fraternità universale, consiste quindi nello strenuo sforzo per la liberazione integrale dell'uomo dalla schiavitù della morte e del peccato e da ogni altra forma di oppressione in questo mondo. Da ciò il compito di dare al mondo «ragione della nostra speranza in Cristo» (1Pt 3,15) di comprendere e vivere responsabilmente la speranza cristiana come speranza impegnata nella salvezza totale dell'uomo già da ora, già nella sua esistenza nel mondo.

I due assi antropologici principali sui quali si sviluppa il pensiero di Alfaro sono: la solidarietà e la speranza che, nella loro mutua compenetrazione e influenza, integrano una gamma di vari aspetti e si manifestano all'uomo nella dimensione immanente e nella trascendenza.

La dimensione immanente della solidarietà appare nella fenomenologia dell'uomo nella sua dimensione di alterità e di socialità; la libertà si rivela come vincolo della comunione interpersonale. La solidarietà interumana è capace, così, di dare senso all'azione di trasformazione del mondo operata dall'uomo e il progresso dell'umanità sarà autentico nella misura in cui apporterà un miglioramento di vita per tutti. L'esperienza del vivere in relazione rimanda, però, ad un Fondamento comune, personale e trascendente. La riflessione sul senso cristiano del progresso conduce Alfaro a considerare l'operare umano nella storia come trasformazione del mondo, nell'orizzonte escatologico aperto dal mistero totale di Cristo. Un secondo aspetto, implicato nel primo, è la solidarietà cosmica, posto che l'uomo esiste nel mondo, la creazione partecipa al suo destino; per questo l'uomo ha la responsabilità di vivere in armonia con essa.

La speranza è l'impalcatura dell'esistenza umana nel tempo, la motivazione fondamentale dell'azione dell'uomo nel mondo ed anche la radice della solidarietà: gli esseri umani condividono l'anelito di vivere. La speranza è l'atteggiamento di apertura alla grazia dell'autodonazione e autorivelazione di Dio. La speranza è la prospettiva che apre all'orizzonte del tutto. La speranza-sperante è la forza che dà l'impulso alla storia, che spinge l'essere umano a trascendersi attraverso l'azione individuale e comunitaria, è la forza che consente di vincere il timore della morte nella prospettiva di una vita illimitatamente aperta al suo compimento futuro.

La speranza, legata alla volontà, è soprattutto tensione, e quindi movimento e azione, in vista del raggiungimento di ciò che si intravede come cosa buona ed essenziale. La speranza è l'impulso radicale dell'esistenza umana, personale e comunitaria, che spinge l'uomo, creatore della storia e aperto al nuovo che verrà, al progresso personale e sociale. La speranza è una grande forza per l'uomo, è l'anima di una sempre rinnovata ripresa e trasformazione, un'ulteriore e impensabile possibilità, una nuova e incredibile risorsa quando tutto pare già finito.

La speranza costruisce con la solidarietà un progetto comune che interpella la dimensione più profonda della persona e la chiama a realizzarsi interamente nella sua umanità. La speranza e la solidarietà nella loro dimensione ontologica sono anche il fondamento di un'etica in cui l'autocoscienza e la libertà, quali caratteristiche tipiche della persona umana e massime espressioni della sua dignità e del suo valore, acquistano il rilievo principale: l'essere umano si trascende nella sua attuazione, la sua piena realizzazione non si ha, però, se non nella dimensione più profonda della sua libertà: l'amore. La persona si umanizza nel ricevere e dare amore.

La questione di Dio si manifesta nelle dimensioni fondamentali dell'esistenza: lo spirito umano è tendenzialmente aperto verso il Trascendente personale; in Lui l'uomo trova il suo Fondamento ultimo e l'Unico in cui sperare. Noi portiamo nella nostra interiorità il problema radicale della nostra esistenza, che ci manifesta la nostra trascendenza sul mondo e la sconfinata aspirazione del nostro spirito; nella illimitatezza spirituale dell'uomo, la speranza scopre la di lui apertura all'Assoluto personale ed eleva l'uomo all'intimità del dialogo con Dio fino all'incontro con Lui nella visione faccia a faccia[3].

Cristo è il modello dell'umanità, la solidarietà piena di Cristo con l'umanità nella sua finitudine e nel suo destino di morte è il modello della piena realizzazione personale dell'uomo che in essa si scopre in relazione filiale con Dio e fratello con i suoi simili.

La solidarietà e la speranza sono dono e progetto: dono ricevuto da Dio nella sua assoluta gratuità e libertà; come progetto, la speranza-sperante incontra una motivazione nuova e più grande, si rafforza nella solidarietà, nella tendenza verso Dio e nella relazione con gli altri e con il mondo; si realizza nella ricerca della situazione che sia la condizione di un progresso reale che, assumendo i successi tecnico-scientifici, non si assolutizzi, ma si ponga al servizio della realizzazione personale e comunitaria nell'amore.

La teologia antropologica di Alfaro evidenzia la rilevanza umanista e la missione umanitaria della vocazione cristiana. L'esistenza cristiana esige la mutua implicazione dei tre atteggiamenti fondamentali: la fede, la speranza e la carità. Queste tradizionali virtù teologiche, considerate in una prospettiva unitaria, animano la vita del credente e imprimono un dinamismo capace di rivelare all'uomo la sua costitutiva dimensione di persona chiamata al dialogo con Dio in Cristo. L'etica conseguen-

---

[3] «L'uomo non solo tende all'Assoluto, ma, quando si apre a lui, lo sperimenta e scopre dentro di sé» G. MAGNANI, *Filosofia della religione,* p. 16.

te è un progetto di nuova umanità, di cui il nuovo non è tanto nei contenuti etici, bensì nel suo universo di comprensione e nella sua motivazione trascendente. Così il credente, alla luce della speranza, in stretta connessione con la fede e la carità, si apre a nuovi orizzonti per la realizzazione umana e la ragione pratica, illuminata e motivata dalla speranza, scopre nuove sfide nella realizzazione del bene, nella progressiva umanizzazione di una società più giusta e solidale. Nel processo circolare di «comprensione-decisione-azione» il soggetto si realizza nella azione, nella trasformazione della materia, superandone il determinismo, e nella creazione della storia; egli è responsabile del suo destino e del destino del mondo.

Muovendo dall'indagine sulla struttura costitutiva del soggetto autocosciente, Alfaro ha sottolineato l'importanza dell'antropologia, dello studio dell'uomo nella sua complessità, recando un importante contributo alla conoscenza del soggetto personale; «il soggetto umano, dunque, viene compreso nell'ambito di una antropologia che ne riconosce l'intrinseca struttura dinamica di essere che è finito, ma che tende, in ogni suo atto di intelligenza e di volontà, cioè libero, a quell'infinito che gli è implicitamente presente e che lo trascende come fine ultimo di tutte le sue attività»[4]. In tal modo, le riflessioni compiute non solo hanno contribuito ad arricchire la conoscenza astratta della Verità, ma hanno anche indubbi riflessi concreti in quanto capaci di diventare una guida all'esistenza umana, assumendo lo spessore e la dimensione di Valore, che chiama la libertà umana ad impegnarsi per esso.

«La speranza ha a che fare con la psicologia, la filosofia della storia, l'etica, la filosofia dell'esistenza. Questi interessi convergenti di diverse forme di sapere lasciano intuire che l'atteggiamento della speranza non appartiene all'evanescente mondo delle forme oniriche, ma all'esperienza più profondamente autentica dell'uomo, identificabile con quella religiosa e

---

[4] G. SALATIELLO, «Alcune considerazioni sull'autocoscienza riflessiva e la conoscenza implicita di Dio» in G. SALATIELLO, ed., *Il soggetto religioso – Introduzione alla ricerca fenomenologico-filosofica*, Roma 1999, p. 149.

metafisica [...] Per riportarci a una nota espressione di Kant, c'è così poco da attendersi che gli uomini finiscano di sperare, come gli uccelli cessino di volare»[5].

Le considerazioni e gli approfondimenti compiuti da Alfaro sul tema della speranza, oltre a costituire un valido apporto all'antropologia e alla riflessione teologica, sia per il metodo che per il contenuto, offrono un mirabile esempio di esperienza religiosa, quale incontro con la Realtà Ultima, percepita come via di salvezza.

Alfaro ha presentato l'esperienza religiosa della speranza dopo aver saggiate tutte le altre possibilità, con riferimento soprattutto alla dimensione immanente, di fondare tale atteggiamento. L'esperienza, in effetti, anche se talvolta può essere raccolta tutta in un solo atto, in un singolo evento, è una vicenda in movimento, una catena di singole esperienze portanti; essa ha il carattere di un processo. In tal senso, l'alternanza e opposizione tra speranza e non-speranza nasce nel cuore dell'uomo prima ancora dell'esperienza religiosa. La speranza accompagna l'uomo nella sua vicenda temporale, quale espressione di un dinamismo spirituale insoddisfatto del già conseguito, ma proteso verso nuove mete; se la speranza è sorretta da motivazioni superficiali o illusorie tende a restare solo una situazione emotiva soggetta all'incostanza, all'incoerenza, all'alternanza con la disperazione.

Quando, però, l'uomo si impegna ad andare fino al cuore della realtà, la speranza diventa una categoria esistenziale valida per definire un senso o un non-senso della vita. Il senso della vita e della morte come speranza deriva dalla scoperta, al di sopra di ogni semplice sapere, di Dio. Questa scoperta diviene, allora, l'esperienza portante, capace di interpretare in maniera sensata la propria esistenza e il mondo intero. «L'oggetto iniziale dell'esperienza religiosa è il Divino, la Potenza, il Valore Assoluto trascendente e immanente insieme, ma inafferrabile. Mistero sublime e affascinante»[6]. Nell'esperienza religiosa

---

[5] E. MARIANI, «Essere-per-la-morte ed essere-per-la-speranza nell'esperienza francescana», in *La speranza: atti del congresso promosso dal Pont. Ateneo «Antonianum» 30 maggio - 2 giugno 1982*, Brescia, 1984, p. 111.

[6] G. MAGNANI, *Filosofia della religione*, p. 127.

«l'uomo scopre che deve perdersi affrontando il salto qualitativo della fede; o la disperazione assoluta o la resa incondizionata all'Assoluto, cioè a Dio»[7]. Tale esperienza, non limitata semplicemente in una situazione dell'esistenza o in uno stato della coscienza puramente intellettuale, consiste nel reale trascendere verso Dio, nell'orizzonte del problema della salvezza; quindi in un affermato interesse per la salvezza e nel coraggio di percorrere un cammino nella prassi corrispondente[8].

Le riflessioni del nostro Autore, così, mostrano - non dimostrano, come egli ha più volte ribadito - le radicali condizioni di possibilità di questa virtù e il suo fondamento trascendente; la trascendenza originaria dell'esistenza umana, a sua volta, dà senso e connotazione precisa all'umanità dell'uomo in questo mondo. Tale umanità consiste nel fatto che l'uomo non è il centro, non crea sé e il tutto con le proprie forze, ma comprende la sua vita grazie al riferimento alla totalità di se stesso e a tutto ciò che egli non è, al senso, allo scopo, al fondamento di tutto, cioè Dio.

L'opera di Alfaro ha fornito lo stimolo e i presupposti per ulteriori considerazioni sul significato e sul valore della speranza, da ciò la ricca fecondità della sua ricerca.

La speranza è coerenza con le proprie convinzioni, con la propria fede, essa normalmente non offre nel presente una giustificazione adeguata e un'immediata gratificazione e spesso impone una scelta priva di logica umana. Generalmente quando una persona si richiama alla speranza per sostenere le sue ragioni il discorso cade quasi all'improvviso come se il parlarne significasse ritirarsi in una specie di rifugio inaccessibile per arroccarsi in una posizione di assoluta inamovibilità e irrazionalità. È come se, per comodo, venisse travisato, travolto, confuso, capovolto il senso della speranza, che viene usata per celare il non voler sapere, vedere, chiedere, scavare, approfondire. In realtà, fare appello alla speranza è un andare decisamente allo

---

[7] G. MAGNANI, *Filosofia della religione,* p. 13.

[8] «La rinnovata vitalità delle religioni mostra agli umanesimi l'obsolescenza delle chiusure immanentiste e il potere liberante dei valori trascendenti» G. GISMONDI, *Scienze della religione e dialogo interreligioso*, Bologna 1994, p. 9.

scoperto mettendo in chiaro il progetto portante e unificante di tutta la vita. È sempre un ripartire dall'inizio, dal senso della vita, dalla nostra più intima vocazione e dalla finalità del mondo e della storia per ritrovare, con la luce, anche un rinnovato senso e un più forte slancio.

La speranza cristiana è Cristo, è Lui il nostro futuro e quello del mondo. La sua sequela implica il coraggio, la forza d'animo per portare avanti l'esistenza, per sostenere le proprie convinzioni, per assolvere i propri doveri, per assumere le responsabilità e per superare le ineluttabili difficoltà della vita. La scelta di soluzioni facili e comode, suggerita dall'egoismo, si pone come una triste alternativa alle risposte autentiche, che salgono dal profondo della coscienza. Nella speranza della salvezza eterna l'uomo ha la capacità di uscire dagli angusti limiti del tempo e dello spazio per trascendere il momento presente e proiettarsi verso una realtà infinitamente più grande di quanto il singolo possa sperimentare con i sensi.

La speranza non nega le difficoltà, né i limiti umani, né la precarietà del mondo, né la morte quale termine della vita terrena; la stessa vita, del resto, è soggetta costantemente a imprevedibili assalti interni ed esterni all'uomo; siamo tutti facile preda delle avversità di ogni genere: malattie, incomprensioni, stanchezza, noia, paura. Occorre mettere costantemente in opera tutta la forza d'animo data dalla speranza, che assume le diverse sfumature dell'entusiasmo, della fermezza, dell'audacia, della sicurezza, della magnanimità, della pazienza, della fiducia, della perseveranza, della responsabilità, dell'autonomia, della dedizione, per non smarrirsi, per far passare in seconda linea le futili ambizioni e per proiettarsi verso il futuro che, alla fine, porterà la pienezza di vita. Occorre saper attendere e guardare in lontananza, oltre il breve tratto che ci è dato da vedere, oltre l'orizzonte, per scoprire il disegno di Dio, in cui gli eventi quotidiani trovano la vera spiegazione.

Questa è la condizione umana della speranza cristiana. In questo stato l'uomo vive la tensione del tempo presente fra il rischio del proprio fallimento, l'insicurezza in se stesso di fronte all'avvenire e la fiducia nella promessa del Dio che verrà. La speranza rifiuta di farsi annullare dalle statistiche, non ammette di fermarsi davanti al realismo, premunendosi, così, di evitare il risveglio dal sonno. Essa consente all'uomo di superare le dure esperienze delle disillusioni e dei sogni spezzati, ma, in tal senso, riguarda anche l'umanità intera, il suo destino, riguarda la società, la sua credibilità e le difficoltà a liberarsi dall'oppressione e dalla corruzione, riguarda la famiglia, il suo ruolo e le sue possibilità.

La speranza cristiana, mirando all'avvenire assoluto, relativizza nella prospettiva del provvisorio tutte le mete raggiunte dall'uomo nella storia; non può dichiararsi soddisfatta di nessuna, ma cammina sempre in avanti in cerca del nuovo e del migliore, sempre in uno stato di esodo verso il compimento futuro della promessa. La speranza cristiana non si oppone alla speranze dell'uomo nel mondo e tanto meno le distrugge, ma le assume e le orienta nella direzione del loro movimento verso il nuovo e l'ultimo, e, di più, le sostiene, perché non vengano meno e non si rassegnino di fronte alla terribile esperienza del male e del dolore nel mondo.

La morte e la risurrezione di Cristo, fondamento della speranza cristiana, hanno dato un nuovo significato alla morte dell'uomo. Il più grave problema della vita umana, il più angoscioso, il più oscuro e il più difficile, è quello della morte. Essa incute paura perché l'uomo ha la coscienza di dover morire; di interrompere la propria esistenza, di non essere più. Nessun uomo è abituato a nessuna morte, sia che lo tocchi da vicino, che da lontano. Si fa finta di essere allenati. Ma quando la morte, non quella che è nelle letterature o che coglie gli altri, c'è per davvero, il corpo la rifiuta; essa è lo smembramento, la separazione del corpo, che non vuole saperne, che la respinge: è un evento incredibilmente terribile. La morte è legge universale, necessaria, inevitabile, ineluttabile, irrevocabile, indefettibile. La morte non fa solo paura, è anche incomprensibile, assurda e insensata, un enigma insolubile.

La morte dell'uomo è stata, però, assunta e vinta da Cristo, il Figlio di Dio, fatto uomo e morto sulla croce. Gesù ha vinto la morte, ha trionfato sulla morte, Gesù è risorto. L'uomo Gesù visse la nostra morte in tutto quanto ha di minaccioso e di tenebroso, di completa solitudine, di esperienza dell'impotenza creaturale dell'uomo nel salvarsi con le sue forze, di prova e di tentazione suprema della libertà umana. Nulla di tutto quanto la morte comporta, come rovina dell'esistenza umana nel mondo, gli fu risparmiato. Al contrario, gli toccò una morte di assoluta solitudine, di dolore corporale e di lotta interiore indicibili, di umiliazione e fallimento completi. Ma Cristo lottò e vinse la morte nella decisione suprema dell'abbandono fiducioso di se stesso a Dio per gli uomini, nella sua risposta di amore all'amore del Padre e di speranza in Lui. Con la sua morte, accettata e sofferta in favore degli uomini e vinta con la sua risurrezione, Gesù ha liberato gli esseri umani dalla schiavitù della morte.

Dopo la venuta e la morte di Cristo, che è venuto per salvare il mondo, la storia non è cambiata superficialmente, pubblicamente, sensibilmente. Come sempre gli uomini continuano a fare guerre, ad usare violenza e soprusi, a voler dominare sugli altri e sul mondo, provocando sofferenze, dolori ed ingiustizie. Cristo è venuto per annunciare la Buona Novella agli uomini, per incontrarsi con ognuno di noi e, così, salvarci. È questo un avvenimento interiore, profondissimo, tutto segreto, che non modifica affatto gli aspetti esteriori, superficiali: spesso alle apparenze non cambia nulla, gli uomini continuano a soffrire e a morire.

Gesù non ha abolito la morte umana, che rimane nella sua tragicità, ma le ha conferito il segno positivo della salvezza nel senso che, dopo la morte del Figlio di Dio, coloro che uniscono con fede la propria morte, con tutte le sofferenze che essa comporta, alla morte di Cristo, sono salvati e partecipano con lui, nella vita eterna, alla sua gloria di Risorto. Così la morte umana, quando diviene cristiana, cioè morte illuminata dalla fede e sostenuta dalla speranza in Cristo e con Cristo, perde la sua naturale assurdità. L'evento morte, disintegrazione dell'esistenza dell'uomo nel mondo, diventa l'incontro personale con il Dio che dà vita ai morti.

La morte per il cristiano non ha perso nulla del suo potere di distruzione né del suo enigma[9]; continua ad essere, per lui, la

---

[9] «Se la speranza sia un atteggiamento sensato nell'affrontare l'esistenza o se sia una pazzia estrema lo decide in ultima analisi la questione se vi sia qualcosa in cui sperare oltre la morte» W. PANNENBERG, *Che cosa è l'uomo?*, Brescia 1974, p. 49.

minaccia dell'esistenza, la dimostrazione della sua completa impotenza ad assicurarsi una sopravvivenza: un'impotenza che lo pone di fronte alla scelta di rassegnarsi fatalmente a che tutto finisca per lui, o di porre la sua fiducia nell'Altro, in Chi è più di lui, del mondo, degli altri. Le sofferenze, le angosce e i timori che accompagnano la morte sono le stesse per il credente e per il non credente, solo che, per il cristiano, la paura della morte è vinta dalla speranza della vita eterna in cui parteciperà con Cristo alla gioia della risurrezione[10].

La speranza cristiana accetta, quindi, con coraggio cosciente l'enigma del dolore e della morte nell'abbandono fiducioso alla promessa di Dio in Cristo; non è la facile consolazione che siamo soliti esprimere in note formule stereotipate, ma l'esigenza della decisione profonda e continua di vivere di fronte alla morte come lacerazione della nostra esistenza e incontro col mistero del Dio vivo. La morte cristiana non è un salto nel buio, ma è la porta che si apre sulla vita eterna, l'inizio della vita vera con Dio. «Ecco la dimora di Dio con gli uomini! Egli dimorerà tra di loro ed essi saranno suo popolo, ed egli sarà il "Dio-con

---

[10] «Bisogna che in ultima analisi resti un rischio, ci sia un rischio totale: che sempre sia abbia a che fare con una scommessa. Se tu evitassi qualcosa, amico mio, come la malattia, o la miseria, o la morte, se ne evitassi qualcuna, una qualunque, una sola delle miserie umane, se facessi eccezione, una sola, tutto sarebbe perso [...] Bisognava che il rischio restasse integrale. Ecco cosa è propriamente cristiano. Affinché, perché in definitiva, in ultimissima analisi bisognava che l'uomo potesse scegliere e pronunciarsi liberamente, in tutta, in piena libertà. È per questo, per mantenere l'uomo sul filo di lama di questo equilibrio, sul filo di lama di questa libertà, che il cristianesimo non ha mai avuto dimostrazione(i), non ha mai dato dimostrazione(i), con sé, intendo nel senso che gli uomini superficiali danno a questa parola, cioè dimostrazione rigorosamente logica, logicamente rigorosa [...] Se disgraziatamente il cristianesimo fosse dimostrato, come dicono loro, se disgraziatamente si provasse con ragioni dimostrative, con ragionamenti logici, con ragioni logicamente rigorose [...] la libertà cadrebbe ancora. Si è voluto sicuramente che tutto avvenisse per amore, e che l'amore si muovesse solo in piena, in tutta, in liberale, in libera, in equilibrata, in ben bilanciata libertà [...] Bisogna che quella libertà, la libertà dell'uomo sia infinitamente preziosa» C. PÉGUY, *Véronique – Dialogo della storia e dell'anima carnale*, Casale Monferrato 2002, pp. 240-243.

loro". E tergerà ogni lacrima dai loro occhi; non ci sarà più la morte, né lutto, né lamento, né affanno, perché le cose di prima sono passate» (Ap 21,3-4).

Per la fede e la speranza cristiana, infatti, è la vita eterna con Dio, e non la morte, il destino ultimo e definitivo dell'uomo. La meta finale, la nostra destinazione ultima è la perfezione in Dio, la deificazione, la piena felicità intramontabile: è la vita eterna. Questo è, in definitiva, l'oggetto della speranza cristiana, che è speranza non di sopravvivere in una maniera qualsiasi, ma nella vita eterna di Dio.

Marx disse che l'uomo esiste per trasformare il mondo. Questa affermazione va condivisa, per il cristiano, infatti, non si tratta solo di un'evidenza della ragione umana, ma anche di una verità di fede rivelata nella creazione dell'uomo come immagine di Dio per dominare il mondo. Conseguentemente, se la speranza del Futuro trascendente portasse alla fuga dall'impegno nel mondo, porrebbe il cristiano in contraddizione col suo innegabile destino umano e con la sua stessa fede. Quella speranza, invece, non solo esige dall'uomo l'impegno di trasformare il mondo, ma dà all'impegno stesso un significato nuovo, l'unico significato ultimo. Il suo operare nel mondo non si perderà nella caducità della morte, ma passerà, con l'uomo, alla nuova vita.

È il dono dello Spirito che spinge ad una nuova prassi della solidarietà che, fondata nell'amore, ha come caratteristica fondamentale l'universalità e, portata avanti dalla speranza, assume la sua pienezza evangelica. L'ingiustizia nel mondo attuale è un problema che acquista dimensioni e portata sempre più vaste e universali. Un problema che ci tocca tutti come membri di un'umanità che acquista ogni giorno di più coscienza della sua unità e interrelazione. Congiunte ad un vertiginoso progresso della scienza e della tecnica, si constatano nuove forme di ingiustizia e oppressione in modo così eclatante che la coscienza del cristiano non può restare indifferente e non può evitare la sfida di un mondo nuovo in cui regni la solidarietà e la giustizia.

La speranza cristiana, fondata su Gesù Cristo, ci invita a guardare a Lui per superare tutte le difficoltà e i fantasmi che ogni giorno si affacciano nel mare tempestoso della vita; la sequela di Cristo passa per la croce, massima espressione della fiducia e della dedizione al Padre nell'amore agli uomini. Gesù ci assicura che dietro il misterioso intreccio degli avvenimenti umani c'è Lui a guidare la storia: «Coraggio, sono io, non temete!» (Mc 6,50); «Abbiate fiducia, io ho vinto il mondo!» (Gv 16,30). Questa esortazione e invito sono stati l'oggetto del costante e accorato appello di Giovanni Paolo II, che non si è stancato mai di ripetere: «Non abbiate paura!» «Spalancate le porte a Cristo! Lasciatevi guidare da Lui! Fidatevi del suo amore!».

La risurrezione di Cristo è il trionfo della speranza ed è il sì definitivo del Padre all'umanità. Il Cristo risorto ci rassicura, non ci lascia: «Ecco, io sono con voi tutti i giorni, fino alla fine del mondo» (Mt 28,20) e ci conferma la salvezza futura: «Chi crederà e sarà battezzato sarà salvo» (Mc 16,16a). L'uomo, da parte sua, deve sempre tenere accesa la lampada della speranza, nell'attesa fiduciosa della salvezza.

BIBLIOGRAFIA

Libri
ALFARO J., *Lo natural y lo sobrenatural según el Card. De Vio Cayetano. Contenido, fuentes, originalidad*, Roma 1950.
ALFARO J., *Speranza cristiana e liberazione dell'uomo*, Brescia 1972.
ALFARO J., *Rivelazione cristiana, fede e teologia*, Brescia 1986.
ALFARO J., *Dal problema dell'uomo al problema di Dio*, Brescia 1991.
ALLPORT G. W., *L'individuo e la sua religione: interpretazione psicologica*, Brescia 1972.
BLOCH E., *Ateismo nel cristianesimo*, Milano 1971.
BLOCH E., *Experimentum mundi*, Brescia 1980.
BLOCH E., *Il principio speranza*, Milano 1994.
EINSTEIN A., *Pensieri degli anni difficili*, Torino 1965.
FRANK A., *Diario*, Torino 1963.
FRANKL V., *Alla ricerca di un significato della vita: i fondamenti spiritualistici della logoterapia*, Milano 1971.
FROMM E., *Avere o Essere?*, Milano 1976.
FROMM E., *La rivoluzione della speranza*, Milano 1979.
GAINO A., *Esistenza cristiana - Il pensiero teologico di Juan Alfaro e la sua rilevanza morale*, Roma 1999.
GIOVANNI PAOLO II, *Varcare la soglia della speranza*, Milano 1994.
GIOVANNI PAOLO II, *Dono e Mistero. Nel 50° del mio sacerdozio*, Città del Vaticano 1996.
GISMONDI G., *Scienze della religione e dialogo interreligioso*, Bologna 1994.
GISMONDI G., *Cultura tecnologica e speranza cristiana*, Milano 1995.
GISMONDI G., *Religione fra modernità e futuro*, Assisi 1998.

KANT I., *Critica della Ragion Pura,* Bari 1969.
KERN W. - POTTMEYER H.J. - SECKLER M., edd., *Corso di teologia fondamentale,* Brescia 1990.
KIERKEGAARD S., *Briciole di filosofia e postilla non scientifica,* Bologna 1962.
LADARIA L.F., *Antropologia teologica,* Casale Monferrato 1996.
LUCAS LUCAS R., *El hombre espíritu encarnado,* Madrid 1993.
LUCAS LUCAS R., *Antropologia e problemi bioetici,* Cinisello Balsamo 2001.
MAGNANI G., *Filosofia della religione,* Roma 1993.
MARCEL G., *Homo viator,* Torino 1967.
MARX K., *Manifesto del Partito Comunista,* Torino 1948.
MASLOW A. H., *Verso una psicologia dell'essere,* Roma 1971.
NIETZSCHE F., *La gaia scienza,* Milano 1966.
NIETZSCHE F., *Così parlò Zarathustra,* Milano 1992.
PANNENBERG W., *Che cosa è l'uomo?,* Brescia 1974.
PÉGUY C., *Véronique – Dialogo della storia e dell'anima carnale,* Casale Monferrato 2002.
SALATIELLO G., ed., *Il soggetto religioso – Introduzione alla ricerca fenomenologico-filosofica,* Roma 1999.
SANTINELLO G., ed., *Progetto scientifico e speranza religiosa,* Padova 1985.
SCHÖKEL L.A. - SICRE DÍAZ J.L., *I Profeti,* Roma 1996.
La speranza: atti del congresso promosso dal Pont. Ateneo «Antonianum» 30 maggio - 2 giugno 1982, Brescia 1984.
WALDENFELS H., *Teologia fondamentale nel contesto del mondo contemporaneo,* Cinisello Balsamo 1987.
YÁÑEZ H. M., *Esperanza y solidaridad – una fundamentación antropológica-teológica de la moral cristiana en la obra de Juan Alfaro,* Madrid 1999.

Articoli

ALFARO J., «El tema bíblico en la enseñanza de la teología sistemática», *Greg* 50 (1969) 508-542.
ALFARO J., «Tecnopolis e cristianesimo», *CivCatt* (1969) II, 533-548.
ALFARO J., «La "resurrección de los muertos" en la discusión teológica sobre el porvenir de la historia», *Greg* 52 (1971) 537-554.

ALFARO J., «Attitudes fondamentales de l'existence chrétienne», *NRTh* 105 (1973) 705-734.
ALFARO J., «La dimensión trascendental en el conocimiento humano de Dios según S. Tomás», *Greg* 55 (1974) 639-675.
ALFARO J., «Problema theologicum de munere Theologiae respectu Magisterii», *Greg* 57 (1976) 38-79.
ALFARO J., «Fe y humanismo: visión actual de la vida religiosa», *Confer* 15 (1976) 367- 387.
ALFARO J., «Compito della teologia cattolica dopo il Vaticano II», *CivCatt* (1976) II, 530-540.
ALFARO J., «Notas preliminares para una teología de la liberación», *Salmant* 24 (1977) 589- 600.
ALFARO J., «Escatología, hermenéutica y lenguaje», *Salmant* 27 (1980) 233-246.
ALFARO J., «Problematica teologica attuale della fede», *Teol* 6 (1981) 218-231.
ALFARO J., «De la cuestión del hombre a la cuestión de Dios: Kant, Feuerbach, Heidegger», *Greg* 63 (1982) 211-272.
ALFARO J., «La cuestión del sentido y el sentido de la vida», *Greg* 66 (1985) 387-403.
ALFARO J., «Ludwig Wittgenstein ante la cuestión del sentido de la vida», *Greg* 67 (1986) 693-744.
ALVARADO R., «Dad razón de vuestra esperanza», *SalT* 86/9 (1998) 721-732.
ANGELINI G., «Speranza», *NDT*, 1985[4], 1468-1491.
ARNAIZ J. M., «El nuevo milenio pertenecerá a los que sepan ofrecer esperanza», *Confer*, 38 (1999) 539-566.
BOLADO A. A., «Tipología del hombre que está emergiendo», *Otero* 3 (2001) 55-69.
CAILLOT J., «Eschatologie et liturgie: les résonances de l'espérance», *MDieu* 220 (1994) 4, 7-22.
CASTELLI F., «"Varcare la soglia della speranza" di Giovanni Paolo II», *CivCatt* (1995) II, 54-63.
CASTELLI F., «L'uomo d'oggi di fronte a Cristo», *CivCatt* (1995) III, 485-495.
CASTELLI F., «La speranza nella letteratura contemporanea», *CivCatt* (2003) I, 14-27.

CATURELLI A., «Meditazione sulla felicità», *Filosofia oggi* 97 (2002) 5-20.
CELADA G., «Milenarismo, una forma de esperanza histórica», *Comunidades* 27 (1999), 91-107.
CELADA G., «El milenarismo antiguo, fragmento de la esperanza cristiana», *CiTom* 126 (1999) 513-542.
CHAREIRE I., «La force de l'espérance», *LumVit* 53 (1998) 365-375.
CHIAPPINI A., «La memoria futuri. Amnesia della teologia e della pastorale», *RTLu* 3 (1998) 593-600.
DE MIGUEL J. M., «La teología de J. Alfaro», *EstEcl* 64 (1989) 15-36.
DE MIGUEL J. M., «Aportación de Juan Alfaro a la mariología», *Marianum* 56 (1994) 71-94.
DUPLACY J., «Speranza», *DTB*, Casale Monferrato 1991, 1222-1229.
FLECHA ANDRES J. R., «Ciudadanos de dos ciudades: escatología y política», *Salmant*, 46 (1999) 59-87.
FRATTALLONE R., «La persona umana nel suo cammino di libertà. Una rilettura della "Redemptor hominis"», *Sal* 44 (1982) 193-222.
GALIMBERTI U., «Nessun Dio ci può salvare», *MicroMega* 2 (2000) 187-198.
GILBERT P., «La crisi della ragione contemporanea», *CivCatt* (1990) IV, 571-583.
GIRALDO R., «La speranza cristiana, alimento dell'ecumenismo», *StEc* 17 (1999), 535-548.
GUTIÉRREZ M., «La esperanza que compromete en la historia», *Theologica Xaveriana* 48 (1998), 289-312.
IMODA F., «Maturità umana e vocazione», *CivCatt* (1980) II, 467-473.
KRAUS G.,«Virtù teologali», *Lessico di teologia sistematica*, Brescia 1990, 762-765.
LADARIA L. F., «Naturaleza y gracia. Karl Rahner y Juan Alfaro», *EstEcl* 64 (1989) 53-70.
LIVERZIANI F., «Le ragioni della speranza», *RicPsi* 6 (1999) 59-68.
MELCHIORRE V., «Sulla speranza», *Humanitas* 53 (1998) 513- 526.

MIETH D., «Alla ricerca di una definizione del concetto di "esperienza": che cos'è l'esperienza?», *Conc*(I) 14 (1978) 443-463.
MONGILLO D., «Esistenza cristiana», *NDT*, 415-448.
MONGILLO D., «Virtù teologali», *NDTM*, 1450-1498.
MUCCI G., «La tecnica prenderà il posto del Dio biblico?», *CivCatt* (2000) III, 351- 361.
MUCCI G., «Ancora sul rapporto tecnica-religione», *CivCatt* (2000) IV, 328-340.
MUCCI G., «Il tema della morte nella pagina culturale dei quotidiani», *CivCatt* (1998) III, 17-28.
O'CALLAGHAN P., «L'agire dello Spirito Santo, chiave dell'escatologia cristiana», *AnnalTh* 12 (1998) 327-373.
ORSATTI M., «La speranza nell'Apocalisse-note su una virtù difficile e trascurata», *RTLu* 3 (1998) 27-52.
PESCH O. H., «La teologia delle virtù e le virtù teologiche», *Conc*(I) 23 (1987) 468-493.
PIROLA G., «Fine della speranza?», *CivCatt* (1996) II, 574-588.
POLO L., «La esperanza», *Scrth* 30 (1998) 157-164.
ROCA M., «Dedicatoria», *EstEcl* 64 (1989) 9-14.
ROVIRA BELLOSO J. M., «La obra reciente de Juan Alfaro a la luz de su propia metodología», *EstEcl* 64 (1989) 37-52.
RUIZ DE LA PENA J., «La muerte, fracaso y plenitud», *SalT* 998 (1997) 91-103.
SIMON M., «Le "Catéchisme de l'Église Catholique" de Vatican II à Jean Paul II» *ReThLouv*, 32 (2001) 3-23.
STRUMIA A., «Redemptor hominis: a dieci anni dall'enciclica», *SaDoct* 34 (1989) 604-637.
VIDAL TALÉNS J., «Creer en tiempos de desesperanza. "In spe, fortitudo vestra" (Is 30,15)», *Scrth* 33 (2001/3) 843-891.
XERRI D., «Jesucristo: única esperanza del mundo en la enseñanza de Juan Pablo II», *Ecclesia* (México) 2001, 259-286.
YÁÑEZ H. M., «Jalones para fundamentar una ética de la solidaridad esperante», *Strom* LVI, 1-2, San Miguel (2000) 1-26.

ABBREVIAZIONI

Le abbreviazioni del libri biblici sono quelle utilizzate dalla *Bibbia di Gerusalemme*, Bologna 1974.

DOCUMENTI DEL MAGISTERO

CCC	*Catechismo della Chiesa Cattolica*, Città del Vaticano 1992.
CT	Giovanni Paolo II, Esortazione Apostolica *Catechesi tradendae* (16 ottobre 1979).
DeV	Giovanni Paolo II, Lettera enciclica *Dominum et vivificantem* (18 maggio 1986).
DH	Denzinger H. - Hünermann P., *Enchiridion Symbolorum, definitionum et declarationum de rebus fidei et morum*, Bologna 1996.
DV	*Dei verbum*, Costituzione dogmatica del Concilio Vaticano II sulla divina rivelazione (18 novembre 1965).
EE	Giovanni Paolo II, Esortazione Apostolica Post-Sinodale *Ecclesia in Europa* (28 giugno 2003).
IP	*Insegnamenti di Giovanni Paolo II*, Città del Vaticano.
LG	*Lumen gentium*, Costituzione dogmatica del Concilio Vaticano II sulla Chiesa (21 novembre 1964).
GS	*Gaudium et Spes*, Costituzione pastorale del Concilio Vaticano II sulla Chiesa nel mondo contemporaneo (7 dicembre 1965).
RH	Giovanni Paolo II, Lettera enciclica *Redemptor hominis* (4 marzo 1979).
RM	Giovanni Paolo II, Lettera enciclica *Redemptoris missio* (7 dicembre 1990).
SRS	Giovanni Paolo II, Lettera enciclica *Sollicitudo rei socialis* (30 dicembre 1987).

VS   GIOVANNI PAOLO II, Lettera enciclica *Veritatis Splendor* (6 agosto 1993).

RIVISTE E DIZIONARI

AnnTh   Annales Theologici
CiTom   Ciencia Tomista Salamanca
CivCatt   La Civiltà Cattolica
Conc(I)   Concilium. Rivista internazionale di teologia, Roma
DTB   Dizionario di Teologia Biblica
EstEcl   Estudios Eclesiásticos
Greg   Gregorianum
LumVit   Lumen Vitae, Bruxelles
MDieu   La Maison-Dieu
NDT   Nuovo Dizionario di teologia, Roma 1985[4]
NDTM   Nuovo Dizionario di teologia morale, Cinisello Balsamo, 1990.
NRTh   Nouvelle Revue Theologique
ReThLouv   Revue Théologique de Louvain
RicPsi   La Ricerca Psichica
RTLu   Rivista Teologica di Lugano
SaDoct   Sacra Doctrina
Sal   Salesianum
Salmant   Salmanticensis
SalT   Sal Terrae
Scrth   Scripta Theologica
StEc   Studi Ecumenici
Strom   Stromata
Teol   Teologia. Rivista della facoltà teologica dell'Italia settentrionale

ALTRE ABBREVIAZIONI

cap.   capitolo, capitoli
cf.   confronta
ecc.   et caetera (o: et cetera)

ed.	edidit, ediderunt (cioè curatore, curatori)
edd.	edidit, ediderunt (cioè curatore, curatori)
n.	numero
nn.	numeri
p.	pagina
pp.	pagine
par.	paragrafo

INDICE

	Pag.
PRESENTAZIONE	IX
INTRODUZIONE	1

Capitolo I
LA SPERANZA NELLA CULTURA CONTEMPORANEA — 5

1. La speranza — 9
2. La speranza nella vita — 9
3. La speranza in rapporto al progresso scientifico (dall'ottimismo alla disperazione) — 13
4. La speranza fondamentale — 19
5. Il problema del fondamento antropologico della speranza — 24
6. Alcune concezioni della speranza nel pensiero filosofico — 27

Capitolo II
I FONDAMENTI CRISTOLOGICI DELLA SPERANZA NELL'ANNUNCIO DI GIOVANNI PAOLO II — 37

1. La speranza cristiana — 37
2. La speranza, una virtù teologale — 42
3. L'invito di Giovanni Paolo II: In un mondo pieno di timori... «Non abbiate paura!» — 45
4. Gesù Cristo, una «speranza concreta» per l'uomo contemporaneo — 48

5	Gesù Cristo si è unito a tutti gli uomini	51
6	Gesù Cristo, unico Salvatore dell'uomo, speranza universale	56
7	Spalancate le porte a Cristo!	60

CAPITOLO III
IL PENSIERO TEOLOGICO DI JUAN ALFARO   63

1	Lo sviluppo del pensiero teologico	63
2	La teologia: contenuto, metodo, compito	67
3	L'antropologia di Alfaro	73
4	La cristologia di Alfaro	78

CAPITOLO IV
IL TEMA DELLA SPERANZA IN ALFARO   85

1	Evoluzione del pensiero di Alfaro sulla speranza	85
2	Rapporto tra fede, speranza e carità - Evoluzione della loro nozione	90
3	Esistenza cristiana nella fede, speranza e carità	94
4	Esistenza nella speranza	96
5	Nozione biblica della speranza	99
6	La certezza della speranza nel Concilio di Trento	107

CAPITOLO V
LE DIMENSIONI FONDAMENTALI DELL'ESISTENZA
NELLA SPERANZA   113

1	L'uomo posto in questione	113
2	La dimensione individuale: La coscienza	117
3	La relazione dell'uomo con il mondo	120
4	La relazione dell'uomo con gli altri	125
5	La morte, «situazione limite» della speranza nella dimensione personale	128

6	La storia, «situazione limite» della speranza nella dimensione comunitaria	134

Capitolo VI
LA SPERANZA–SPERANTE E L'APERTURA ALLA TRASCENDENZA — 141

1	La speranza-sperante	141
2	La questione di Dio	145
3	Esistenza cristiana come opzione fondamentale	149
4	La speranza quale atteggiamento fondamentale dell'esistenza cristiana	154
5	La dimensione comunitaria della speranza cristiana	156
6	La speranza cristiana e il senso ultimo della storia e della creazione	162

CONCLUSIONI	169
BIBLIOGRAFIA	185
SIGLE E ABBREVIAZIONI	191
INDICE	195

STAMPA: Ottobre 2005

presso la tipografia
"Giovanni Olivieri" di E. Montefoschi
ROMA • tip.olivieri@libero.it

LE VETTE

La Collana ripropone sotto nuova veste opere che hanno lasciato una forte impronta nello sviluppo del pensiero e presenta nuovi testi della nuova generazione che per la loro incidenza si prospettano come incentivo ad una riflessione ulteriore.

DE FINANCE Joseph
PERSONA E VALORE
2003 pp. XXX-282, ISBN 88-7652-965-9   € 22,00

FORCONI Maria Cristina
TU SOLAMENTE TU
Antropologia come fondamento dell'unità e
dell'indissolubilità del patto matrimoniale
2004 pp. XVI-215, ISBN 88-7652-996-9   € 20,00

DE FINANCE Joseph
A TU PER TU CON L'ALTRO
Saggio sull'alterità
2004 pp. XXV-410, ISBN 88-7839-012-7   € 30,00

RUDELLI Paolo
MATRIMONIO COME SCELTA DI VITA
2004 pp. XVIII-480, ISBN 88-7839-014-3   € 35,00

NITROLA Antonio
PENSARE L'ATTUALITÀ
Etica come ricerca della casa comune
2005 pp. X-240, ISBN 88-7839-022-1   € 18,00